DAS GROSSE WIMMELWÖRTERBUCH

SPASS MIT 1450 WÖRTERN IN
DEUTSCH-ENGLISCH-FRANZÖSISCH

Lass uns gemeinsam lernen und spielen!

Illustrationen von ANA ZAVADLAV
Das Buch wurde geschrieben von
Nataša Bucik und Kaja Bucik

Breitschopf Verlag

Dieses durchgehend vierfarbige Wimmelbilder-Wörterbuch dient dem Erlernen der eigenen und, bei Interesse, zweier Fremdsprachen. Es bietet 3 Basis-Wörterbücher in einem Band. Auf unterhaltsame Weise vermittelt es den Grundwortschatz, die wichtigsten Wörter und Begriffe in Deutsch, Englisch und Französisch. Die beiliegende MP3-CD ermöglicht es den Benützern dieses farbenfrohen und lehrreichen Wimmelwörterbuches die Aussprache in Deutsch, Englisch und Französisch zu üben.

Dieses Wörterbuch beruht auf pädagogischen, didaktischen Grundsätzen und kann schulbegleitend eingesetzt werden.

Das Wörterbuch, das Frau Mag. Nataša Bucik, Entwicklungspsychologin und Expertin im Bereich Alphabetisierung, vorbereitet hat, ermöglicht den Kindern ihren Wortschatz auf eine spielerische und gleichzeitig lehrhafte Weise zu erweitern. Bei der Betrachtung und Beschreibung von attraktiven Illustrationen können die neuen Wörter viel schneller erlernt werden.

Das Erlernen von neuen Wörtern kann zu Hause oder in der Klasse mit unterhaltsamen Wortspielen noch abwechslungsreicher gestaltet werden: Der erste Spieler (Kind oder Erwachsener) sagt ein Wort in einer Sprache, der zweite Spieler sucht das richtige Wort und sagt oder liest das Wort in den anderen Sprachen vor; man kann die Wörter mit dem gleichen Laut bzw. dem gleichen Buchstaben suchen, Wörter die sich reimen entdecken usw.

Außerdem erlaubt der Inhalt der zahlreichen Illustrationen Entdeckungsreisen in die Umwelt.

Das vorliegende Wimmelwörterbuch mit 1450 Wörtern wurde in fächerübergreifender Zusammenarbeit mit Mag. Nataša Bucik, Kaja Bucik, unserem erfahrenen Team an Fremdsprachenübersetzern und -lektoren, KindergärtnerInnen, GrundschullehrerInnen und den Verlagsmitarbeitern erarbeitet. Es hilft den Eltern den Wortschatz der Kinder spielerisch zu vergrößern und fördert bei den jungen Lesern das Interesse an der eigenen und an anderen Sprachen.

Neben den deutschen Wörtern findet man die Wörter auch in österreichischem Deutsch in diesem Wörterbuch.

Es wurden nachstehende Sprachkürzel verwendet:
at = Österreichisches Deutsch / de = Deutsches Deutsch
be = Britisches Englisch / ae = Amerikanisches Englisch

ISBN: 978-3-7004-4447-3
EAN: 9783700444473

Suche mich!

MEINE FAMILIE
MY FAMILY
MA FAMILLE

der Vater
the father
le père

die Mutter
the mother
la mère

die Großmutter
the grandmother
la grand-mère

der Großvater
the grandfather
le grand-père

der Onkel
the uncle
l'oncle

die Tante
the aunt
la tante

Ich heiße Anna
My name is Anna
Je m'appelle Anna

Cousin Martin *at*
Vetter Martin *de*
cousin Martin
cousin Martin

Cousine Sarah *at*
Kusine Sarah *de*
cousin Sarah
cousine Sarah

Bello
Bello
Médor

Mimi
Mimi
Mimi

Kiki
Kiki
Kiki

der Ehemann
the husband
le mari

die Ehefrau
the wife
la femme

der Sohn
the son
le fils

die Tochter
the daugther
la fille

der Bruder
the brother
le frère

die Schwester
the sister
la soeur

der Opa
the grandpa
le papi

die Oma
the grandma
la mamie

die Söhne
the sons
les fils

die Brüder
the brothers
les frères

die Enkelkinder
the grandchildren
les petits-enfants

die Erwachsenen
the adults
les adultes

die Frauen
the women
les femmes

die Frau
the woman
la femme

die Männer
the men
les hommes

der Mann
the man
l'homme

das Kind
the child
l'enfant

die Kinder
the children
les enfants

die Freunde
the friends
les amis

das Mädchen
the girl
les filles

der Bub *at*
der Junge *de*
the boy
le garçon

das Baby
the baby
le bébé

5

ZUHAUSE
AT HOME
A LA MAISON

das Dach
the roof
le toit

der Dachboden *at*
das Dachgeschoss *de*
the attic
le grenier

das Haus
the house
la maison

der Spiegel
the mirror
le miroir

das Fenster
the window
la fenêtre

der Balkon
the balcony
le balcon

die Garage
the garage
le garage

die Topfpflanze
the potted plant
la plante en pot

die Fensterbalken *at*
die Fensterläden *de*
the shutters
les volets

der Teppich
the carpet
le tapis

die Wanduhr
the clock
l'horloge

die Lampe
the lamp
la lampe

die Zugglocke
the doorbell
le carillon

die Küche
the kitchen
la cuisine

die Klingel
the bell
la sonnette

die Kerze
the candle
la bougie

die Hundehütte
the dog-kennel *be*
the doghouse *ae*
la niche

der Sessel *at*
der Stuhl *de*
the chair
la chaise

der Esstisch
the dining table
la table

der Kerzenständer
the candlestick
le chandelier

der Türvorleger
the doormat
le paillasson

das Esszimmer
the dining room
la salle à manger

der Rauchfang *at*
der Schornstein *de*
the chimney
la cheminée

der Kasten *at*
der Kleiderschrank *de*
the wardrobe
l'armoire à vêtements

der Vorhang
the curtain
le rideau

das Badezimmer
the bathroom
la salle de bain

das Schlafzimmer
the bedroom
la chambre à coucher

das Nachtkästchen *at*
der Nachttisch *de*
the bedside table
la table de nuit

der Staubsauger
the vacuum cleaner
l'aspirateur

das Doppelbett
the double bed
le double lit

der Katzenkorb *at*
das Katzenkörbchen *de*
the cat basket
la corbeille du chat

das Gemälde
the painting
le tableau

die Stiege *at*
die Treppe *de*
the staircase
l'escalier

der Fernseher
the TV
la télévision

der Schlüssel
the key
la clef

das Wohnzimmer
the living room
la salle de séjour

das Vorzimmer *at*
der Flur *de*
the hall
le couloir

das Bücherregal
the bookshelf
la bibliothèque

das Telefon
the phone
le téléphone

die Couch *at*
das Sofa *de*
the sofa
le canapé

die Haustür *at*
die Haustüre *de*
the front door
la porte d'entrée

der Briefkasten
the letter box *be*
the mailbox *ae*
la boite aux lettres

die Stereoanlage *at*
die Hi-Fi-Anlage *de*
the hi-fi system *be*
the stereo system *ae*
la chaîne hi-fi

die Mülltonne
the dustbin *be*
the trash can *ae*
la poubelle

7

MEIN ZIMMER
MY ROOM
MA CHAMBRE

die Patschen *at*
die Pantoffeln *de*
the slippers
les pantoufles

die Zeichnung
the drawing
le dessin

die Jalousie *at*
das Rollo *de*
the blind
le store

das Poster
the poster
le poster

die Türschnalle *at*
die Türklinke *de*
the door handle *be*
the doorknob *ae*
la poignée

die Zimmertür
the door
la porte de la chambre

das Gewand *at*
die Kleidung *de*
the clothes
les vêtements

der Schubladkasten *at*
die Kommode *de*
the chest of drawers
la commode

die Lade *at*
die Schublade *de*
the drawer
le tiroir

das Spielzeug
the toy
le jouet

das Bett
the bed
le lit

die Bettdecke
the blanket
la couverture

der Kopfpolster *at*
das Kopfkissen *de*
the pillow
l'oreiller

der Wecker
the alarm clock
le réveil

der Tennisschläger
the tennis racket
la raquette

die Bausteine
the building blocks
les cubes

der Hubschrauber
the helicopter
l'hélicoptère

die Puppe
the doll
la poupée

der Teddybär
the teddy bear
l'ours en peluche

der Ball
the ball
le ballon

der Fensterstock *at*
der Fensterrahmen *de*
the window frame
le châssis de fenêtre

der Pinsel
the brush
le pinceau

die Buntstifte
the coloured pencils *be*
the colored pencils *ae*
les crayons de couleur

die Spielküche
the play kitchen
la cuisine de poupée

das Brettspiel
the board game
le jeu de société

die Wasserfarben
the water colours *be*
the water colors *ae*
les peintures à l'eau

der Blumentopf
the flower pot
le pot de fleurs

der Drehsessel *at*
der Drehstuhl *de*
the swivel chair
la chaise de bureau

das Märchenbuch
the storybook
le livre de contes

die Kinderzeichnung
the child's drawing
le dessin d'enfant

die Bilderbücher
the picture books
les livres d'images

der Bilderrahmen
the picture frame
le cadre

die Halskette
the necklace
le collier

das Regal
the shelf
l'étagère

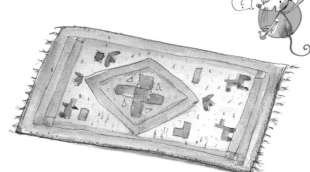

der Schmetterling
the butterfly
le papillon

die Schmuckdose
the jewelry box
la boite à bijoux

der Orientteppich
the oriental carpet
le tapis d'orient

die Leselampe
the reading light
la lampe de lecture

das Zuordnungsspiel
the memory game
le jeu de mémoire

das Schachspiel
the chess set
le jeu d'échecs

die Zeitschrift
the magazine
le magazine

der Rucksack
the rucksack *be*
the backpack *ae*
le sac à dos

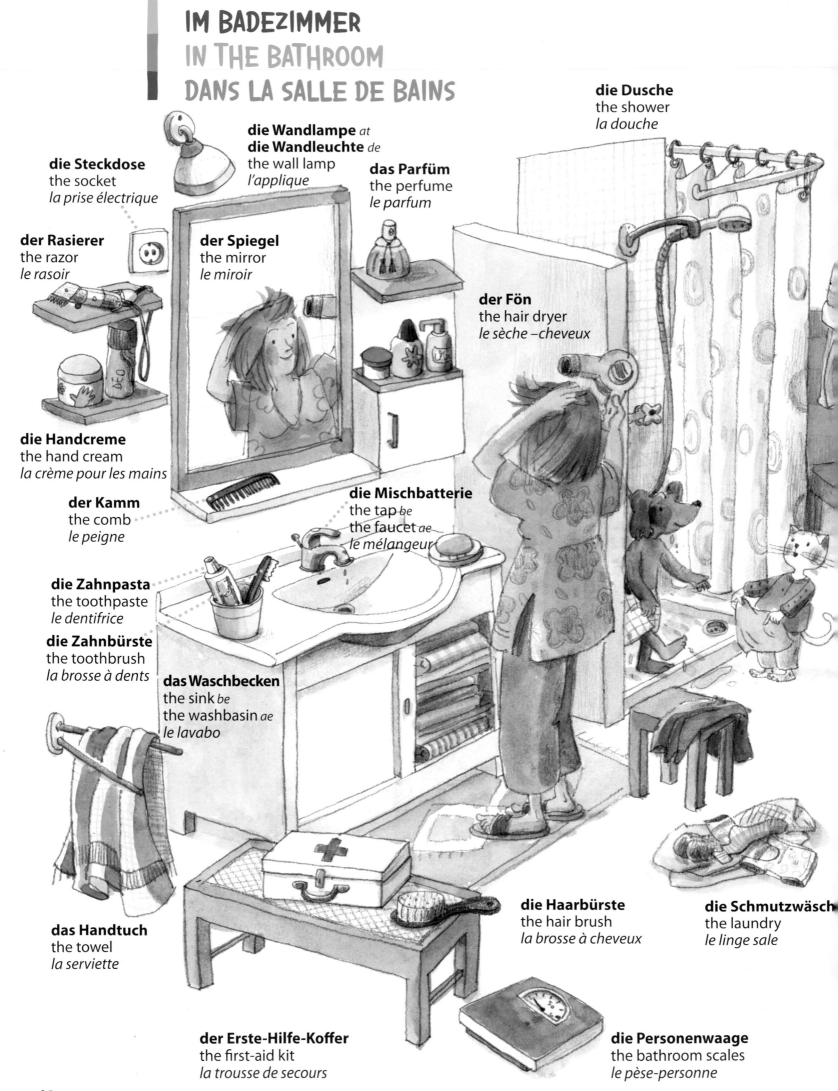

IM BADEZIMMER
IN THE BATHROOM
DANS LA SALLE DE BAINS

die Dusche
the shower
la douche

die Wandlampe *at*
die Wandleuchte *de*
the wall lamp
l'applique

die Steckdose
the socket
la prise électrique

das Parfüm
the perfume
le parfum

der Spiegel
the mirror
le miroir

der Rasierer
the razor
le rasoir

der Fön
the hair dryer
le sèche –cheveux

die Handcreme
the hand cream
la crème pour les mains

der Kamm
the comb
le peigne

die Mischbatterie
the tap *be*
the faucet *ae*
le mélangeur

die Zahnpasta
the toothpaste
le dentifrice

die Zahnbürste
the toothbrush
la brosse à dents

das Waschbecken
the sink *be*
the washbasin *ae*
le lavabo

das Handtuch
the towel
la serviette

der Erste-Hilfe-Koffer
the first-aid kit
la trousse de secours

die Haarbürste
the hair brush
la brosse à cheveux

die Schmutzwäsch
the laundry
le linge sale

die Personenwaage
the bathroom scales
le pèse-personne

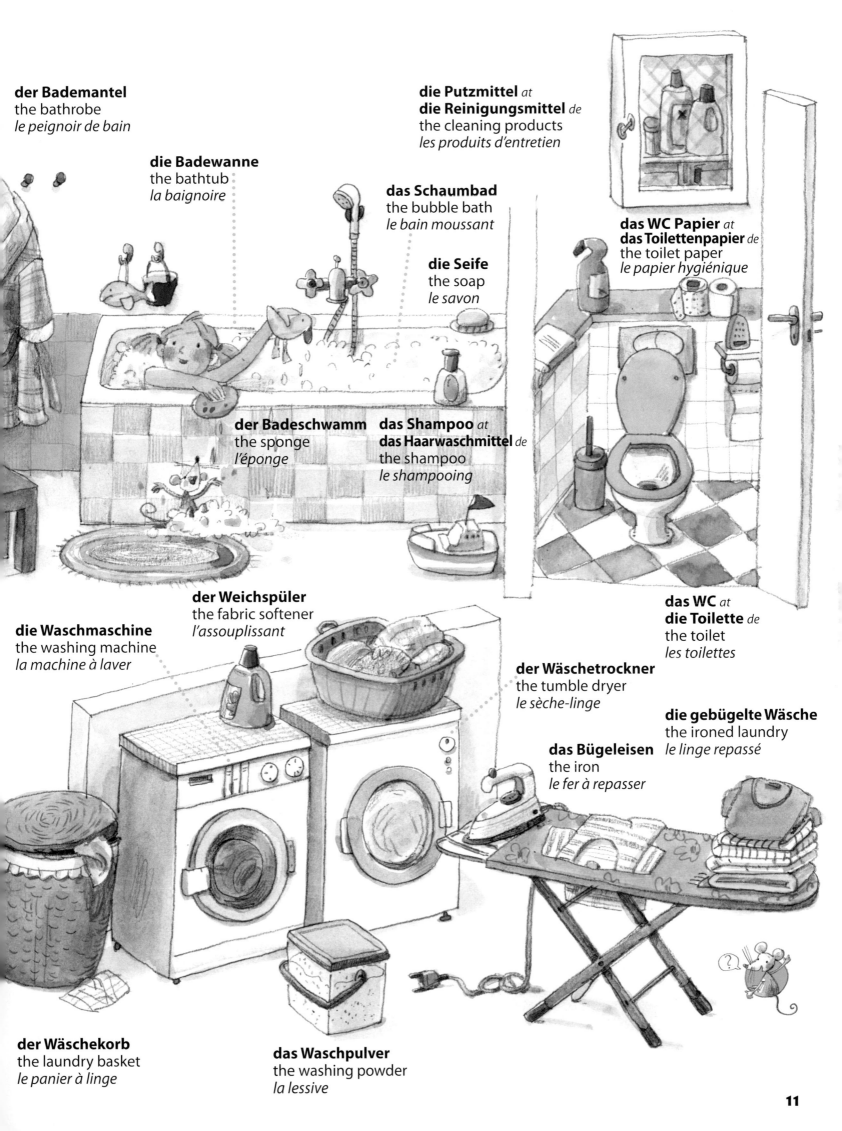

der Bademantel
the bathrobe
le peignoir de bain

die Badewanne
the bathtub
la baignoire

das Schaumbad
the bubble bath
le bain moussant

die Putzmittel *at*
die Reinigungsmittel *de*
the cleaning products
les produits d'entretien

die Seife
the soap
le savon

das WC Papier *at*
das Toilettenpapier *de*
the toilet paper
le papier hygiénique

der Badeschwamm
the sponge
l'éponge

das Shampoo *at*
das Haarwaschmittel *de*
the shampoo
le shampooing

der Weichspüler
the fabric softener
l'assouplissant

das WC *at*
die Toilette *de*
the toilet
les toilettes

die Waschmaschine
the washing machine
la machine à laver

der Wäschetrockner
the tumble dryer
le sèche-linge

die gebügelte Wäsche
the ironed laundry
le linge repassé

das Bügeleisen
the iron
le fer à repasser

der Wäschekorb
the laundry basket
le panier à linge

das Waschpulver
the washing powder
la lessive

MEIN KÖRPER
MY BODY
MON CORPS

die Haare
the hair
les cheveux

der Kopf
the head
la tête

die Schulter
the shoulder
l'épaule

die Zunge
the tongue
la langue

der Hals
the neck
le cou

die Brust
the chest
la poitrine

der Arm
the arm
le bras

der Ellbogen
the elbow
le coude

das Handgelenk
the wrist
le poignet

der Bauch
the belly
le ventre

die Hand
the hand
la main

der Popo *at*
der Po *de*
the bottom
le derrière

der Nabel *at*
der Bauchnabel *de*
the belly button
le nombril

die Finger
the fingers
les doigts

das Knie
the knee
le genou

der Rücken
the back
le dos

das Bein
the leg
la jambe

der Knöchel
the ankle
la cheville

die Zehen
the toes
les orteils

der Fuß
the foot
le pied

der Zehennagel
the toenail
l'ongle de l'orteil

DIE HAND
THE HAND
LA MAIN

der Daumen
the thumb
le pouce

der Zeigefinger
the index finger
l'index

der Mittelfinger
the middle finger
le majeur

der Ringfinger
the ring finger
l'annulaire

der kleine Finger
the little finger
l'auriculaire

der Schnurrbart
the moustache
la moustache

der Bart
the beard
la barbe

DAS GESICHT
THE FACE
LE VISAGE

die Stirn
the forehead
le front

die Augen
the eyes
les yeux

die Wange
the cheek
la joue

das Kinn
the chin
le menton

DAS AUGE
THE EYE
L'OEIL

die Augenbraue
the eyebrow
le sourcil

die Wimpern
the eyelashes
les cils

die Ohren
the ears
les oreilles

die Nase
the nose
le nez

das Ohr
the ear
l'oreille

DER MUND
THE MOUTH
LA BOUCHE

der Zahn
the tooth
la dent

die Zähne
the teeth
les dents

die Lippe
the lip
la lèvre

DIE GEFÜHLE
FEELINGS
LES EMOTIONS

die Freude
the happiness
la joie

die Träne
the tear
la larme

die Traurigkeit
the sadness
la tristesse

der Ärger
the annoyance
la colère

die Angst
the fear
la peur

der Stolz
the pride
la fierté

KLEIDUNG UND SCHUHE
CLOTHES AND SHOES
VETEMENTS ET CHAUSSURES

die Unterhose
the underpants
le slip

das Kleid
the dress
la robe

der Rock
the skirt
la jupe

die Bluse
the blouse
le chemisier

das Unterleiberl *at*
das Unterhemd *de*
the vest *be*
the undershirt *ae*
le maillot de corps

der Gürtel
the belt
la ceinture

die Strumpfhosen
the tights
les collants

der Pyjama
the pyjamas *be*
the pajamas *ae*
le pyjama

die Weste *at*
die Jacke *de*
the cardigan
le cardigan

die Schuhe
the shoes
la chaussure

der Mantel
the coat
le manteau

die Patschen *at*
die Hausschuhe *de*
the slippers
les pantoufles

die Socken
the socks
les chaussettes

die Fäustlinge
the mittens
les moufles

der Ärmel
the sleeve
la manche

der Pullover
the pullover
le pull-over

das Schuhband *at*
der Schnürsenkel *de*
the shoelace
le lacet

der Damenschirm
the lady's umbrella
le parapluie pour dames

14

der Hut
the hat
le chapeau

die Krawatte
the tie
la cravate

der Schianzug *at*
der Schneeanzug *de*
the snowsuit
la combinaison de ski

der Regenmantel
the raincoat
l'imperméable

der Anorak
the anorak
l'anorak

das Hemd
the shirt
la chemise

der Schal
the scarf
l'écharpe

die Hosentasche
the trouser pocket
la poche du pantalon

der Koffer
the suitcase
la valise

die Gummistiefel
the wellingtons *be*
the rubber boots *ae*
les bottes en plastique

ie Hose
e trousers *be*
e pants *ae*
pantalon

der Zippverschluss *at*
der Reißverschluss *de*
the zip *be*
the zipper *ae*
la fermeture éclair

der Knopf
the button
le bouton

das Taschentuch
the handkerchief
le mouchoir

das T-Shirt
the T-Shirt
le tee-shirt

das Kapperl *at*
die Schirmmütze *de*
the cap
la casquette

die Badehose
the trunks
le maillot de bain

die Shorts
the shorts
le short

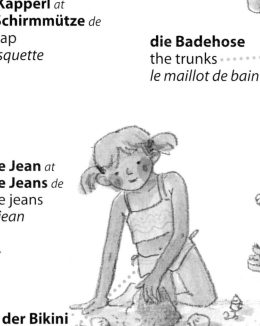

die Jean *at*
die Jeans *de*
the jeans
le jean

die Sandalen
the sandals
les sandales

die Sportschuhe
the trainers *be*
the sneakers *ae*
les baskets

der Strohhut
the straw hat
le chapeau de paille

der Bikini
the bikini
le bikini

die Flip-Flops
the flip-flops
les tongs

15

IN DER KÜCHE
IN THE KITCHEN
A LA CUISINE

das Kochbuch
the cookbook
le livre de cuisine

der Kochlöffel
the wooden spoon
la cuillère en bois

der Kochtopf
the cooking pot
la marmite

die Reibe
the grater
la râpe

die Schöpfkelle
the ladle
la louche

das Sieb
the sieve
la passoire

die Schüssel
the bowl
le bol

der Obstkorb
the fruit basket
la corbeille à fruits

die Pfanne
the pan
la poêle

der Löffel
the spoon
la cuillère

die Gabel
the fork
la fourchette

der Kaffeelöffel *at*
der Teelöffel *de*
the teaspoon
la petite cuillère

das Messer
the knife
le couteau

16

der Deckel *at*
der Topfdeckel *de*
the pan lid
le couvercle

der Mixer
the food mixer
le mixer

der Salzstreuer
the salt pot *be*
the salt shaker *ae*
la salière

der Pfefferstreuer
the pepper pot *be*
the pepper shaker *ae*
le poivrier

die Küchenschürze
the apron
le tablier

der Zucker
the sugar
le sucre

der Topfen *at*
der Frischkäse *de*
the cream cheese
le fromage blanc

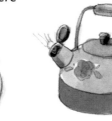

die Teekanne
the teapot
la théière

die Tasse
the cup
la tasse

das Ei
the egg
l'oeuf

das Weizenmehl
the wheat flour
la farine de blé

die Küchenuhr
the kitchen clock
la pendule de cuisine

der Wasserkessel *at*
der Pfeifkessel *de*
the kettle
la bouilloire

die Küchenwaage
the kitchen scale
la balance

der Kühlschrank
the fridge
le frigidaire

der Wasserhahn
the tap *be*
the faucet *ae*
le robinet

der Ersatzschlüssel
the spare key
le double de clé

die Mistschaufel *at*
die Kehrschaufel *de*
the dustpan
la pelle à poussière

der Mistkübel *at*
der Abfalleimer *de*
the rubbish bin *be*
the trash can *ae*
la poubelle

die Abwasch *at*
die Spüle *de*
the sink
l'évier

der Geschirrspüler
the dishwasher
le lave-vaisselle

die Lade
the drawer
le tiroir

das Beserl *at*
der Küchenbesen *de*
the kitchen broom
le balai

der Herd
the cooker *be*
the stove *ae*
la cuisinière

das Schneidbrett
the cutting board
la planche à découper

das Wasserglas
the water glass
le verre à eau

das Geschirrtuch *at*
das Küchentuch *de*
the tea towel
le torchon

der Porzellanteller
the porcelain plate
l'assiette en porcelaine

der Backofen
the oven
le four

die Früh *at*
der Morgen *de*
the morning
le matin

DAS FRÜHSTÜCK
THE BREAKFAST
LE LE PETIT-DEJEUNER

das Spiegelei
the fried egg
l'oeuf sur le plat

die Semmel *at*
das Brötchen *de*
the bread roll
le petit pain

das Stück Butter
the piece of butter
le morceau de beurre

der Honig
the honey
le miel

die Kaffeekann
the coffee pot
la cafetière

die Zuckerdose
the sugar bowl
le sucrier

die Milchflasche
the milk bottle
la bouteille de lait

die Cornflakes *at*
die Frühstücksflocken *de*
the cereals
les céréales

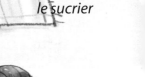

das Kipferl *at*
das Hörnchen *de*
the croissant
le croissant

DAS MITTAGESSEN
THE LUNCH
LE DÉJEUNER

der Mittag *at*
der Mittagstisch *de*
the lunch
le déjeuner

die Brotscheiben
the slices of bread
les tranches de pain

die Salatschüssel
the salad bowl
le saladier

der Braten
the roast
le rôti

der Essig
the vinegar
le vinaigre

das Olivenöl
the olive oil
l'huile d'olive

der Spinat
the spinach
les épinards

das Besteck
the cutlery *be*
the silverware *ae*
les couverts

das Wasse
the water
l'eau

die Suppe
the soup
la soupe

das Glas
the glass
le verre

die Serviette
the napkin
la serviette

die Tischdecke
the tablecloth
la nappe

der Teller
the plate
l'assiette

DAS ABENDESSEN
THE DINNER
LE DÎNER

der Abend
the evening
le soir

der Kakao
the cocoa
le chocolat

die Palatschinke *at*
der Pfannkuchen *de*
the pancake
la crêpe

die Marmelade
the jam
la confiture

der Tee
the tea
le thé

der Saft
the juice
le jus

das Kracherl *at*
die Limonade *de*
the lemonade
la limonade

das Eis *at*
das Speiseeis *de*
the ice cream
la glace

die Reisschüssel
the rice bowl
le bol à riz

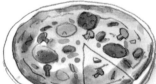

die Pizza
the pizza
la pizza

das Sandwich
the sandwich
le sandwich

die Spaghetti
the spaghetti
les spaghettis

das Tortenstück
the piece of cake
le morceau de gâteau

der Obstsalat
the fruit salad
la salade de fruits

SÜSS
SWEET
SUCRÉ

der Schlecker *at*
der Lolly *de*
the lollipop
la sucette

SAUER
SOUR
AIGRE

das Sauerkraut
the sauerkraut
la choucroute

BITTER
BITTER
AMER

die Grapefruit
the grapefruit
le pamplemousse

SALZIG
SALTY
SALE

das Salz
the salt
le sel

OBST UND GEMÜSE
FRUIT AND VEGETABLES
FRUITS ET LEGUMES

die Banane
the banana
la banane

die Kiwi
the kiwi
le kiwi

die Wassermelone
the water-melon
la pastèque

die Ananas
the pineapple
l'ananas

die Kirsche
the cherry
la cerise

die Orange
the orange
l'orange

die Pomelo *at*
die Pampelmuse *de*
the pomelo
le pomelo

der Apfel
the apple
la pomme

die Zwetschke *at*
die Zwetschge *de*
the plum
la prune

die Marille *at*
die Aprikose *de*
the apricot
l'abricot

die Zitrone
the lemon
le citron

die Birne
the pear
la poire

die Weintrauben
the grapes
le raisin

die Erdbeere
the strawberry
la fraise

der Pfirsich
the peach
la pêche

die Feige
the fig
la figue

die Heidelbeere *at*
die Blaubeere *de*
the blueberry
la myrtille

die Himbeere
the raspberry
la framboise

die Brombeere
the blackberry
la mûre

die Melone
the melon
le melon

die Walnuss
the walnut
la noix

die Haselnuss
the hazelnut
la noisette

die Mandel
the almond
l'amande

die Erdnuss
the peanut
la cacahuète

die Trockenfrüchte
the dried fruit
les fruits secs

20

die Petersilie
the parsley
le persil

der Kukuruz *at*
der Mais *de*
the maize *be*
the corn *ae*
le maïs

die Karotte *at*
die Mohrrübe *de*
the carrot
la carotte

die Erbsen *at*
die grünen Erbsen *de*
the green peas
les petits-pois

der Karfiol *at*
der Blumenkohl *de*
the cauliflower
le chou-fleur

der Zwiebel
the onion
l'oignon

der Knoblauch
the garlic
l'ail

der Spargel
the asparagus
l'asperge

der Porree *at*
der Lauch *de*
the leek
le poireau

der Zeller *at*
der Sellerie *de*
the celery
le céleri

der Paradeiser *at*
die Tomate *de*
the tomato
la tomate

die Gurke
the cucumber
le concombre

der Erdapfel *at*
die Kartoffel *de*
the potato
la pomme de terre

der Paprika *at*
die Paprika *de*
the pepper
le poivron

die Bohne
the bean
le haricot sec

die Zucchini
the courgette *be*
the zucchini *ae*
la courgette

die Chilischote
the chili pepper
le piment rouge

die Kaper
the caper
la câpre

die rote Rübe *at*
die rote Bete *de*
the beetroot
la betterave

der Häuptelsalat *at*
der Kopfsalat *de*
the lettuce
la laitue

das Radieschen
the radish
le radis

die Artischocke
the artichoke
l'artichaut

die Melanzani *at*
die Aubergine *de*
the eggplant
l'aubergine

AUF DEM MARKT
AT THE MARKET
AU MARCHÉ

die Gewürze
the spices
les épices

die Ringeltaube
the wood pigeon
la palombe

der Marktstand
the stall
l'étal

die Wurst *at*
die Würste *de*
the sausages
les saucisses

die Dauerwurst
the sausage
le saucisson sec

der Käselaib
the cheese
la meule de fromage

das Hühnerei
the egg
l'œuf de poule

der Wanderrucksack
the rucksack *be*
the backpack *ae*
le sac à dos

die Steige
the crate
le cageot

der Einkaufskorb
the basket
le panier

das Gemüse
the vegetables
les légumes

22

der Trinkbrunnen
the fountain
la fontaine

die Blumen
the flowers
les fleurs

der Hund
the dog
le chien

der Fotoapparat
the camera
l'appareil photo

der Hundeball
the dog ball
la balle du chien

der Obsttransport
the fruit transport
le transport

die Feigen
the figs
les figues

der Blattspinat
the spinach
les épinards

der Salat
the salad
la laitue

das Sauerkrautfass
the sauerkraut barrel
le baril de choucroute

der Gemüsehändler
the greengrocer
le marchand de fruits et légumes

die Fisolen *at*
die grünen Bohnen *de*
the green beans
les haricots verts

der Lauch
the leek
le poireau

der Kürbis
the pumpkin
la citrouille

die Waage
the scale
la balance

das Preisschild
the price tag
le prix

die Erbsenschote
the pea pod
la cosse de petits- pois

der Fleischparadeiser *at*
die Fleischtomate *de*
the tomato
la tomate

der Rettich
the radish
le radis

die Petersilie
the parsley
le persil

der grüne Paprika *at*
die grüne Paprika *de*
the green pepper
le poivron vert

die gelbe Rübe *at*
die gelbe Möhre *de*
the carrot
les carottes

das Obst
the fruit
les fruits

der Einkaufswagen *at*
der Einkaufstrolley *de*
the shopping trolley
le caddie

der Leiterwagen *at*
der Handwagen *de*
the cart
la charrette

IM SUPERMARKT
IN THE SUPERMARKET
AU SUPERMARCHÉ

der Brotlaib
the loaf
la miche de pain

das Croissant
the croissant
le croissant

der Käse
the cheese
le fromage

der Einkaufskorb
the basket
le panier

der Verkäufer
the shop assistant
le vendeur

die Teigwaren
the pasta
les pâtes

die Milch
the milk
le lait

das Schlagobers *at*
die Schlagsahne *de*
the cream
la crème

das Joghurt
the yogurt
le yaourt

die Butter
the butter
le beurre

das Tierfutter *at*
die Tiernahrung *de*
the pet food
les aliments pour animaux domestiques

Obst und Gemüse
fruit and vegetables
les fruits et les légumes

die Einkaufstasche
the shopping bag
le sac à provisions

der Fleischhauer *at*
der Metzger *de*
the butcher
le boucher

die Kassa *at*
die Kasse *de*
the checkout
la caisse

die Kassiererin
the cashier
la caissière

der Supermarkt
the supermarket
le supermarché

das Einkaufswagerl *at*
der Einkaufswagen *de*
the shopping trolley
le chariot

das Geld
the money
l'argent

die Damenhandtasche
the woman's handbag *be*
the purse *ae*
le sac à main

die Geldbörse *at*
der Geldbeutel *de*
the purse
le porte-monnaie

die Rechnung *at*
der Kassenzettel *de*
the receipt
le ticket de caisse

der Geldschein
the banknote
le billet de banque

der Fisch
the fish
le poisson

das Meersalz
the sea salt
le sel de mer

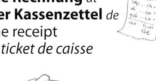

die Münze
the coins
la pièce de monnaie

der Reis
the rice
le riz

die Essiggurkerl *at*
die Essiggurken *de*
the pickles
les cornichons au vinaigre

der Würfelzucker
the sugar
le sucre en morceaux

das Mehl
the flour
la farine

das Fleisch
the meat
la viande

die Salami
the salami
le salami

die Kekse
the biscuits *be*
the cookies *ae*
les biscuits

die Zuckerl *at*
die Bonbons *de*
the sweets
les bonbons

die Torte
the cake
le gâteau

das Öl
the oil
l'huile

die Konservendose
the tin
la boîte de conserve

der Kaffee
the coffee
le café

die Oliven
the olives
les olives

die Schachtel *at*
der Karton *de*
the box
le carton

die Flasche
the bottle
la bouteille

das Shampoo
the shampoo
le shampooing

das Waschpulver
the washing powder
la poudre à laver

IM PARK
IN THE PARK
DANS LE PARC

der Tagfalter
the butterfly
le papillon

die Frühlingsblume
the spring flower
la fleur de printemps

die Leiter *at*
die Anlegeleiter *de*
the ladder
l'échelle

der Drachen
the kite
le cerf-volant

der Weg
the path
le chemin

der Gartenzaun
the fence
la clôture

der Ball
the ball
le ballon

das Ringelspiel *at*
das Karussell *de*
the merry-go-round
le tourniquet

die Gießkanne
the watering can
l'arrosoir

die Sandkiste *at*
der Sandkasten *de*
the sandpit
le bac à sable

der Singvogel
the songbird
l'oiseau chanteur

die Sandburg
the sand castle
le château de sable

das Sandküberl *at*
der Spielzeugeimer *de*
the bucket
le seau

die Kinderschaufel
the shovel
la pelle

die Kinderschubkarre
the wheelbarrow
la brouette

der Sandrechen
the rake
le râteau

26

der Laubbaum
the deciduous tree
l'arbre à feuilles

die Parkbank
the bench
le banc public

das Baby
the baby
le bébé

der Kinderwagen
the pram *be*
the stroller *ae*
le landeau

das Hundehalsband
the dog collar
le collier de chien

das Passagierflugzeug
the aeroplane *be*
the airplane *ae*
l'avion de ligne

das Spielzeugauto
the toy car
la voiture miniature

der Lastwagen
the lorry *be*
the truck *ae*
le camion

das Baumhaus
the tree house
la cabane dans l'arbre

das Dreirad
the tricycle
le tricycle

die Springschnur *at*
das Springseil *de*
the skipping rope
la corde à sauter

der Basketballkorb
the basketball hoop
le panier de basket

die Wippe
the seesaw
la bascule

der Reifen
the hoop
le cerceau

der Spieltunnel
the tunnel
le tunnel

das Hüpfspiel
the hopscotch
la marelle

die Rutsche
the slide
le toboggan

die Kinderschaukel
the swing
la balançoire

das Kinderrad
the bicycle
la bicyclette

die Inlineskates
the in-line skates
les rollers

das Skateboard
the skateboard
le skate-board

das Ölbild
the oil painting
le tableau

das Taxi
the taxi
le taxi

der Dom
the cathedral
la cathédrale

die Kunsthalle
the art gallery
le musée d'art

die Bibliothek
the library
la bibliothèque

das Museum
the museum
le musée

die Skulptur
the sculpture
la sculpture

das Geschäft
the shop
le magasin

die Schule
the school
l'école

die Turmuhr
the clock
l'horloge

das Rathaus
the town hall
la mairie

die Oper
the opera house
l'opéra

der Balletttänzer
the ballet dancer
le danseur de ballet

die Ballerina
the ballerina
la ballerine

das Denkmal
the monument
le monument

der Brunnen
the fountain
la fontaine

die Buchhandlung
the bookshop
la librairie

das Marionettentheater
the puppet show
le théâtre de marionnettes

der Markt
the market
le marché

die Apotheke
the pharmacy
la pharmacie

das Blumengesch
the flower shop
le magasin de fleu

das Postamt
the post office
le bureau de poste

die Türkentaube
the pigeon
le pigeon

der Brief
the letter
la lettre

der Briefkasten *at*
der Postkasten *de*
the postbox
la boîte aux lettres

das Kino
the cinema *be*
the movie theater *ae*
le cinéma

das Hotel
the hotel
l'hôtel

die Briefmarke
the stamp
le timbre-poste

die Postkarte
the postcard
la carte postale

die Bank *at*
das Geldinstitut *de*
the bank
la banque

der Bankomat *at*
der Geldautomat *de*
the cash machine
le distributeur de billets

die Geldscheine
the banknote
le billet de banque

der Schlossturm
the castle tower
le donjon

die Burg
the castle
le château fort

die Zahnradbahn
the rack railway *be*
the cog railway *ae*
le funiculaire

der Park
the park
le parc

das Café
the café
le café

der Kindergarten
the kindergarten
le jardin d'enfants

die Straßenlaterne
the street light
le lampadaire

der Fußgänger
the pedestrian
le piéton

die Bushaltestelle
the bus stop
l'arrêt de bus

der Gehsteig *at*
der Gehweg *de*
the pavement
le trottoir

die Fahrbahn
the roadway
la chaussée

der Polizist
the policeman
le policier

die Telefonzelle
the payphone
la cabine téléphonique

der Zebrastreifen *at*
der Fußgängerübergang *de*
the pedestrian crossing
le passage-piéton

die Verkehrsampel
the traffic light
le feu de signalisation

die Verkehrszeichen
the road signs
les panneaux de signalisation

29

der Arzt
the doctor
le docteur

die Patientin
the patient
la patiente

die Wanduhr
the clock
l'horloge murale

das Tastentelefon
the push-button telephone
le téléphone à touches

die Information
the information
le bureau d'information

der Feuerlöscher
the fire extinguisher
l'extincteur

die Zeitschriften *at*
die Illustrierten *de*
the magazines
les magazines

das Handy
the mobile phone
le téléphone portable

IM ÄRZTEZENTRUM
THE MEDICAL CENTER
CHEZ LE MEDECIN

der Patient
the patient
le patient

das Labor
the laboratory
le laboratoire

die Krankenschwester
the nurse
l'infirmière

die Toiletten
the toilets
les toilettes

das Spielhaus
the playhouse
la maison de pupées

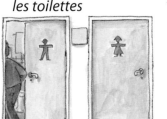

das Wartezimmer
the waiting room
la salle d'attente

die Malstifte *at*
die Farbstifte *de*
the coloured pencils *be*
the colored pencils *ae*
les crayons de couleur

die Krücke
the crutch
la béquille

30

das Mikroskop
the microscope
le microscope

die Zahnärztin
the dentist
la dentiste

die Zahnspange
the braces
l'appareil dentaire

das Medikament
the medication
le médicament

das Fieberthermometer
the thermometer
le thermomètre médical

das Pflaster
the plaster
le pansement

die Bandage
the bandage
le bandage

die Verbandsschere *at*
die Verbandschere *de*
the bandage scissors
les ciseaux pour bandages

die Spritze
the syringe
la seringue

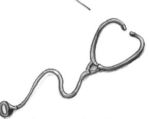
das Stethoskop
the stethoscope
le stétoscope

der Größenmesser
the height gauge
la toise

der Gipsverband
the plaster
le plâtre

der Arbeitstisch
the desk
la table de travail

die Tastatur
the keyboard
le clavier

die Ordination *at*
die Arztpraxis *de*
the surgery
le cabinet

das Rezept
the prescription
l'ordonnance

der Rollstuhl
the wheelchair
le fauteuil roulant

die Personenwaage
the scales
le pése-personne

IM KLASSENZIMMER
IN THE CLASSROOM
DANS LA SALLE DE CLASSE

das Alphabet
the alphabet
l'alphabet

die Bastelfiguren
the craft characters
les objets de bricolage

die Sonnenblumen
the sunflowers
les tournesols

die Landkarte
the map
la carte de géographie

das Bild
the pictu...
l'image

das Plakat
the poster
le poster

die Vase
the vase
le vase

der Computer
the computer
l'ordinateur

der Papierkorb
the wastepaper basket
la corbeille à papier

die Computermaus
the computer mouse
la souris d'ordinateur

die Lehrerin
the teacher
l'institutrice

der Globus
the globe
le globe terrestre

das Zeichenpapier
the drawing paper
le papier à dessin

der Papierdrache
the paper dragon
le dragon en papier

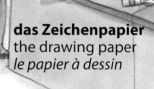

der Klebstoff
the glue
la colle

das Buntpapier
the coloured paper *be*
the colored paper *ae*
le papier en couleur

der Haarpinsel
the paint brush
le pinceau

die Zeichenstifte *at*
die Farbstifte *de*
the coloured pencils *be*
the colored pencils *ae*
les crayons de couleur

die Knetmasse
the modelling clay *be*
the modeling clay *ae*
la pâte à modeler

die Schere
the scissors
les ciseaux

die Ölkreiden *at*
die Wachsmalstifte *de*
the wax crayons
les craies grasses

die Ölfarben
the paints
les peintures

die Uhr
the clock
l'horloge

die Tafel *at*
die Schultafel *de*
the blackboard
le tableau noir

die Rechenaufgabe
the arithmetic problem
les devoirs de calcul

die Hängelampe
the hanging lamp
la lampe

die Kreide
the chalk
la craie

der Schwamm
the sponge
l'éponge

die Klassenzimmertür
the classroom door
la porte de la salle de classe

der Lehrer
the teacher
l'instituteur

der Schüler
the student
l'élève

der Mülleimer *at*
der Abfalleimer *de*
the trash can
la poubelle

das Waschbecken
the sink *be*
the washbasin *ae*
le lavabo

die Schultasche *at*
der Schulranzen *de*
the satchel
le cartable

das Heft
the exercise book
le cahier

die Schülerin
the student
l'élève

der Schreibtisch
the desk
le pupitre

das Federpennal *at*
das Federmäppchen *de*
the pencil case
la trousse d'écolier

der Schülersessel *at*
der Schülerstuhl *de*
the student's chair
la chaise de l'élève

das Lineal
the ruler
la règle

die Füllfeder *at*
der Füller *de*
the fountain pen
le stylo plume

SCHULJAUSE *at*
PAUSENBROT *de*
SNACK
LE GOUTER

das Schulbuch
the textbook
le manuel scolaire

der Bleistift
the pencil
le crayon

der Spitzer
the sharpener
le taille crayon

der Zirkel
a pair of compasses
le compas

der Kugelschreiber
the ballpoint pen
le stylo à bille

der Radiergummi
the eraser
la gomme

das Tablett
the tray
le plateau

IN DER BÜCHEREI
IN THE LIBRARY
DANS LA BIBLIOTHÈQUE

der Bücherstapel
the stack of books
la pile de livre

der Bibliotheksausweis
the library card
la carte de bibliothèque

die Bibliothekarin
the librarian
la bibliothécaire

die Information
the information
les renseignements

der Arbeitsplatz
the workstation
l'espace de travail

die Schreibtischlampe
the desk lamp
la lampe de bureau

der Kleiderständer
the clothes rack
le porte-manteaux

die Handtasche
the handbag *be*
the purse *ae*
le sac à main

der Regenschirm
the umbrella
le parapluie

das Aquarium
the aquarium
l'aquarium

die Magazine
the magazines
les magazines

die Pflanze
the plant
la plante

der Lesetisch
the reading table
la table de lecture

die Sitzgelegenhe
the seating
le siège

das Poster
the poster
le poster

die Spielsachen
the toys
les jouets

die Keramikeule
the ceramic owl
la chouette en céramique

die Geschichtenerzählerin *at*
die Vorleserin *de*
the storyteller
la conteuse

das Bibliotheksregal
the library shelf
le rayon de bibliothèque

die Kinderbücher
the children's books
les livres d'enfants

das Gedicht
the poem
le poème

die Lieder
the songs
les chansons

die Compact Disc
the compact disc
le disque compact

die Ohrhörer
the earphones
les écouteurs

die Aktentasche
the briefcase
la serviette

der Schulrucksack *be*
the school rucksack *be*
the school backpack *ae*
le sac de cours

die Comics
the comics
les bandes-dessinées

der Kalender
the calendar
le calendrier

das Puzzle
the puzzle
le puzzle

IN DER BUCHHANDLUNG
IN THE BOOKSTORE
DANS LA LIBRAIRIE

die Sachbücher
the non-fiction
un livre specialisé

das Tierlexikon
the animal encyclopedia
l'encyclopédie des animaux

das Bilderbuch
the picture book
le livre d'images

das Märchenbuch
the fairy tale book
le livre de contes

Gute-Nacht-Lieder
the lullabies
les berceuses

das Geschichtenbuch
the storybook
le livre d'histoire

das Sitzpolster
the cushion
le coussin

die Weltkugel
the globe
le globe terrestre

das Puppentheater
the puppet theatre
le théâtre de marionnettes

die Marionette
the marionette
la marionnette

der Stoffelefant
the fabric elephant
l'éléphant en peluche

die Plüschkatze
the plush cat
la chatte en peluche

die Plastikgiraffe
the plastic giraffe
la girafe en plastiqu

die Handpuppen
the hand puppets
les marionnettes

der Kuschelbär
the teddy bear
l'ours en peluche

das Flugzeug
the aeroplane *be*
the airplane *ae*
l'avion

der Helikopter
the helicopter
l'hélicoptère

das Papiersackerl *at*
die Papiertüte *de*
the paper bag
le sac en papier

der Kassenschalter
the cash desk
la caisse

DIE SPIELSACHEN
THE TOYS
LES JOUETS

der Wasserball
the beachball
le ballon de plage

der Sportwagen
the pushchair *be*
the stroller *ae*
la poussette

die Verkäuferin
the shop assistant
la vendeuse

der Spielzeugbagger
the digger
la pelleteuse

das Brettspiel
the board game
le jeu de société

die Schachfiguren
the chess pieces
les pièces d'échecs

die Dominosteine
the dominoes
les dominos

die Babypuppe
the baby doll
le poupon

die Babyflasche
the baby bottle
le biberon

die Stoffpuppe
the rag doll
la poupée de chiffon

der Schnuller
the dummy *be*
the pacifier *ae*
la sucette

die Spielkarten
the playing cards
les cartes à jouer

der Würfel
the dice
le dé

das Memo-Spiel
the memory game
le memory

die Dampflokomotive
the steam engine
la locomotive à vapeur

die Babyrassel
the rattle
le hochet

der Spielzeugherd
the toy stove
la cuisinière de poupée

die Murmeln
the marbles
les billes

der Schläger
the racket
la raquette

der Lieferwagen
the van *be*
the delivery truck *ae*
le camion

DIE MUSIKINSTRUMENTE
MUSICAL INSTRUMENTS
LES INSTRUMENTS DE MUSIQUE

die Mundharmonika
the harmonica
l'harmonica

der Flügel
the grand piano
le piano à queue

die Gitarre
the guitar
la guitare

die Querflöte
the flute
la flûte traversière

die Ziehharmonika *at*
das Akkordeon *de*
the accordion
l'accordéon

die Triangel
the triangle
le triangle

die Klarinette
the clarinet
la clarinette

die Oboe
the oboe
le hautbois

das Saxophon
the saxophone
le saxophone

die Trompete
the trumpet
la trompette

das Horn
the horn
le cor d'harmonie

das Xylophon
the xylophone
le xylophone

das Tamburin
the tambourine
le tambourin

die E-Gitarre
the electric guitar
la guitare électrique

die Wirbeltrommel
the snare drum
la caisse claire

die Basstromme
the bass drum
la grosse caisse

das Orchester
the orchestra
l'orchestre

die Violine
die Geige
the violin
le violon

das Cello
das Violoncello
the cello
le violoncelle

der Kontrabass
the double bass
la contrebasse

der Sänger
the singer
le chanteur

das Konzert
the concert
le concert

die Sängerin
the singer
la cantatrice

der Taktstock
the baton
la baguette

der Dirigent
the conductor
le chef d'orchestre

die Note
the note
la note

das Fagott
the bassoon
le basson

die Becken
the cymbals
les cymbales

die Tuba
the tuba
le tuba

die Pauke
the timpani
la timbale

die Harfe
the harp
la harpe

der Bauer
the farmer
le fermier

AUF DEM LAND
IN THE COUNTRYSIDE
À LA CAMPAGNE

der Hügel
the hill
la colline

der Fesselballon
the hot-air balloon
la montgolfière

der Schimmel
the white horse
le cheval blanc

die Wiese
the meadow
le pré

der Weizen
the wheat
le blé

der Ziegenbock
the billy goat
le bouc

die Weide
the pasture
le pâturage

die Milchkuh
the dairy cow
la vache laitière

der Weingarten
the vineyard
le vignoble

der Fasan
the pheasant
le faisan

das Moped *at*
das Mofa *de*
the moped
la mobylette

die Straße
the road
la route

der Kombi
the station wagon
le break

die Mauer
the wall
le mur

40

der Bauernhof
the farm
la ferme

der Acker *at*
das Feld *de*
the field
le champ

das Wäldchen
the grove
le bosquet

der Sonnenschein
the sunshine
le soleil

die Scheune
the barn
la grange

die Vogelscheuche
the scarecrow
l'épouvantail

das Fahrrad
the bicycle
le vélo

der Fahrradhelm
the bicylce helmet
le casque de vélo

die Scheibtruhe *at*
die Schubkarre *de*
the wheelbarrow
la brouette

der Strohballen
the straw bale
la botte de paille

der Traktor *at*
der Trekker *de*
the tractor
le tracteur

der Mähdrescher
the combine harvester
la moissonneuse–batteuse

das Picknick
the picnic
le pique-nique

die Decke
the blanket
la couverture

der Picknickkorb
the picnic basket
le panier à pique-nique

der Igel
the hedgehog
le hérisson

die Walderdbeere
the wild strawberry
la fraise sauvage

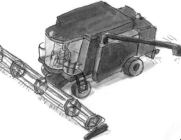

AUF DEM BAUERNHOF
ON THE FARM
A LA FERME

der Korb
the basket
le panier

der Wasserkübel *at*
der Wassereimer *de*
the water bucket
le seau

der Mauersegler
the swift
le martinet

der Obstbaum
the fruit tree
l'arbre fruitier

der Stall
the stable
l'écurie

der Kukuruzkolben *at*
der Maiskolben *de*
the corncob
l'épi de maïs

der Gartenrettich
the radish
le navet

die Karotte *at*
die Möhre *de*
the carrot
la carotte

die Weinbergschnecke
the snail
l'escargot

42

der Rechen *at*
die Harke *de*
the rake
le râteau

das Viehfutter
the cattle feed
les aliments pour bétail

der Strohbesen
the straw broom
le balai de paille

das Heu
the hay
le foin

die Spinnwebe
the cobweb
la toile d'araignée

das Heindl *at*
die Feldhacke *de*
the hoe
la houe

die Sichel
the sickle
la faucille

die Sense
the scythe
la faux

die Axt
the axe
la hache

das Feuerholz
the firewood
le bois de chauffage

der Fuchsschwanz
the handsaw
la scie à bois

die Hundehütte
the dog kennel
la niche

der Spaten
the spade
la bêche

die Fliege
the fly
la mouche

die Forke
the pitchfork
la fourche

der Mist
the manure
le fumier

der Hofhund
the yard dog *be*
the watchdog *ae*
le chien de garde

der Knochen
the bone
l'os

die Arbeitsbiene
the worker bee
l'abeille ouvrière

die Bienenvölker
the colonies of bees
la ruche

der Weinstock
the vine
le cep

die Gartenrose
the garden rose
la rose de jardin

das Nest
the nest
le nid

der Weidezaun
the fence
la clôture

die Holzbank
the wooden bench
le banc en bois

die Wiesenblumen
the wild flowers
les fleurs des prés

die Paradeiserstaude *at*
die Tomatenstaude *de*
the tomato plant
le pied de tomate

das Salatbeet
the lettuce bed
le carré de salades

der Gemüsegarten
the vegetable garden
le potager

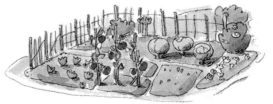

DIE BAUERNHOFTIERE
FARM ANIMALS
LES ANIMAUX DE LA FERME

das Horn
the horn
la corne

die Kuh
the cow
la vache

der Stier *at*
der Bulle *de*
the bull
le taureau

der Kuhfladen
the cow dung
la bouse de vache

das Euter
the udder
le pis

das Kalb
the calf
le veau

das Schaf
the sheep
le mouton

das Ei
the egg
l'oeuf

die Gans
the goose
l'oie

der Schnabel
the beak
le bec

der Erpel
the drake
le canard

das Lamm
the lamb
l'agneau

das Entenküken
the ducklings
le caneton

der Truthahn
the turkey
le dindon

das Gefieder
the plumage
le plumage

das Fell
the coat
la fourrure

die Hündin
the bitch
la chienne

der Pfau
the peacock
le paon

das Kaninchen
the rabbit
le lapin

der Welpe
the puppy
le chiot

die Küken
the chicks
les poussins

die Henne
the hen
la poule

die Pfauenfeder
the peacock feather
la plume de paon

44

die Krähe
the crow
le corbeau

das Zicklein
the kid
le chevreau

die Ziege
the goat
la chèvre

der Esel
the donkey
l'âne

das Pferd
the horse
le cheval

die Pferdemähne
the horse's mane
la crinère du cheval

das Füllen
the foal
le poulain

der Hahn
the rooster
le coq

der Pferdeschweif
the horse's tail
la queue de cheval

das Spinnennetz
the spider's web
la toile d'araignée

der Huf
the hoof
le sabot

das Schwein
the pig
le cochon

die Biene
the bee
l'abeille

der Maulwurf
the mole
la taupe

das Ferkel
the piglets
le porcelet

die Schnauze
the snout
le museau

die Schnurrhaare
the whiskers
la moustache

die Maus
the mouse
la souris

die Nacktschnecke *at*
die Wegschnecke *de*
the slug
la limace

die Katze
the cat
la chatte

das Kätzchen
the kitten
le chaton

45

das Wagerl *at*
der Karren *de*
the cart
la charette

IM OBSTGARTEN
IN THE ORCHARD
DANS LE VERGER

das Vogelnest
the bird´s nest
le nid d'oiseau

die Baumkrone
the treetop
la cime de l'arbre

die Schürze
the apron
le tablier

das Brot
the bread
le pain

der Krug
the jug *be*
the pitcher *ae*
la cruche

der Hocker
the stool
le tabouret

der Tisch
the table
la table

die Gummistiefel
the wellingtons *be*
the rubber boots *ae*
les bottes en caoutchouc

der Traktorfahrer
the tractor driver
*le conducteur
de tracteur*

der Rechen
the rake
le râteau

das Stockerl *at*
der Schemel *de*
the stool
le tabouret

der Erntekübel *at*
der Ernteeimer *de*
the harvest pail
le seau á vendange

die Obstkiste
the fruit crate
le cageot de fruits

46

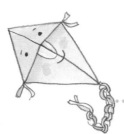

der Drachenschwanz
the kite tail
le cerf-volant

der Vogel
the bird
l'oiseau

der Wurm
the worm
le ver

der Tafelapfel
the apple
la pomme

der Apfelbaum
the apple tree
le pommier

das Fallobst
the windfall
les fruits tombés

der Zwetschkenbaum *at*
der Zwetschgenbaum *de*
the plum tree
le prunier

die Tafelbirne
the pear
la poire

der Birnbaum
the pear tree
le poirier

der Spatz
the sparrow
le moineau

die Amsel
the blackbird
le merle

der Anhänger
the trailer
la remorque

das Kopftuch
the headscarf
le foulard

die Kappe
the cap
la casquette

die Leiter
the ladder
l'échelle

die Haushaltsleiter *at*
die Trittleiter *de*
the stepladder
l'escabeau

47

der Heuschreck *at*
die Heuschrecke *de*
the grasshopper
la sauterelle

die Spinne
the spider
l'araignée

der Marienkäfer
the ladybird
la coccinelle

die Grille
the cricket
le grillon

die Raupe
the caterpillar
la chenille

der Maulwurfshügel
the molehill
la taupinière

der Regenwurm
the earthworm
le ver de terre

die Erde
the earth
la terre

der Maulwurfsbau
the burrow
les galeries

die Schnecke
the snail
l'escargot

der Nachtfalter
the moth
le papillon de nuit

der Blumenstrauß
the bunch of flowers
le bouquet de fleurs

das Gras
the grass
l'herbe

die Butterblume
the buttercup
le bouton d'or

die Margerite
the daisy
la marguerite

die Blüte
the bloom
la fleur

der Mohn
the poppy
le coquelicot

der Klee
the clover
le trèfle

die Glockenblume
the bluebell
la campanule

der Stängel
the stem
la tige

die Feldmaus
the field mouse
le mulot

der Laubfrosch
the tree frog
la rainette

das Blatt
the leaf
la feuille

die Wiesenameise
the meadow ant
la fourmi

die Hummel
the bumble-bee
le bourdon

die Wurzel
the root
la racine

der Maulwurf
the mole
la taupe

der Ameisenhaufen
the ant hill
la fourmillière

die Honigbiene
the honey-bee
l'abeille à miel

die Pusteblume
the dandelion
les aigrettes du pissenlit

die Blütensamen
the flower seeds
les graines de fleur

die Nacktschnecke
the slug
la limace

der Löwenzahn
the dandelion
le pissenlit

49

IM WALD
IN THE FOREST
DANS LA FORÊT

der Feuersalamander
the fire salamander
la salamandre de feu

die Eule
the owl
la chouette

das Eichhörnchen
the squirrel
l'écureuil

der Kastanienbaum
the chestnut tree
le châtaignier

die Kastanie
the chestnut
la châtaigne

die Eichenblätter
the oak leaves
les feuilles de chêne

die Eichel
the acorn
le gland

das Buchenblatt
the beech leaf
la feuille de hêtre

die Bucheckern
the beechnuts
les faines

der Farn
the fern
la fougère

der Kuckuck
the cuckoo
le coucou

der Tannenzweig
the fir branch
la branche de sapin

der Kiefernzapfen
the pine cone
la pomme de pin

der Kiefernzweig
the pine branch
la branche de pin

der Ast
the branch
la branche

das Baumblatt
the leaf
la feuille d'arbre

der Baumstamm
the tree trunk
le tronc

der Rammler *at*
der Hase *de*
the hare
le liévre

der Fuchsschwanz
the fox's brush
la queue du renard

der Baum
the tree
l'arbre

der Wanderrucksack
the rucksack *be*
the backpack *ae*
le sac à dos

das Sammelkörbchen
the basket
le panier

die Ameise
the ant
la fourmi

der Ameisenhügel
the ant hill
la fourmillière

der Eichelhäher
the jay
le geai

die Zyklame
the cyclamen
le cyclamen

der Igel
the hedgehog
le hérisson

der Schwarzspecht
the woodpecker
le pic noir

SCHWAMMERL at / PILZE de
MUSHROOMS
CHAMPIGNONS

der Steinpilz
the cep
le cèpe

die Walderdbeere
the wild strawberry
la fraise sauvage

die Heidelbeere *at*
die Blaubeere *de*
the blueberry
la myrtille

die Eierschwammerl *at*
die Pfifferlinge *de*
the chanterelle
les chanterelles

die Waldhimbeere
the wild raspberry
la framboise sauvage

die Brombeere
the blackberry
la mûre

der Fliegenpilz
the fly agaric
l'amanite tue-mouche

DIE WALDTIERE
FOREST ANIMALS
LES ANIMAUX DE LA FORÊT

der Hakenschnabel
the hooked beak
le bec crochu

der Baumfalke
the hobby
le faucon

der Rehbock
the roebuck
le chevreuil

das Geweih
the antlers
les bois du cerf

der Wolf
the wolf
le loup

der Alpensalamander
the alpine salamander
la salamandre alpestre

der Luchs
the lynx
le lynx

der Hirsch
the deer
le cerf

die Klaue
the claw
la griffe

der Rotfuchs
the red fox
le renard roux

der Marder
the marten
la martre

der Fasanhahn *at*
der Fasanenhahn *de*
the pheasant cock
le faisan

der Schwanz
the tail
la queue

der Feldhase
the hare
le lièvre

die Waldameise
the wood ant
la fourmi des bois

der Europäische Dach
the European badger
le blaireau européen

der Steinadler
the golden eagle
l'aigle royal

die Elster
the magpie
la pie

der Uhu
the eagle owl
le grand duc

das Eichhörnchen
the squirrel
l'écureuil

das Rehkitz
the fawn
le faon

das Reh
the deer
le chevreuil

der Specht
the woodpecker
le pic

der Käfer
the beetle
le coléoptère

das Wildschwein
the wild boar
le sanglier

der Bär
the bear
l'ours

die Haselmaus
the dormouse
le muscardin

die Tatze
the paw
la patte

der Igel
the hedgehog
le hérisson

IM ZOO
AT THE ZOO
Au zoo

der Tukan
the toucan
le toucan

der Gorilla
the gorilla
le gorille

der Schimpanse
the chimpanzee
le chimpanzé

der Affe
the monkey
le singe

der Papagei
the parrot
le perroquet

der Kolibri
the hummingbird
le colibri

der Käfig
the cage
la cage

der Storch
the stork
la cigogne

der Flamingo
the flamingo
le flamant rose

der Teich
the pond
l'étang

die Landschildkröte
the tortoise
la tortue

das Krokodil
the crocodile
le crocodile

die Kobra
the cobra
le cobra

die Giraffe
the giraffe
la girafe

das Dromedar
the dromedary
le dromadaire

der Strauß
the ostrich
l'autruche

das Zebra
the zebra
le zèbre

der Bison
the bison
le bison

das Känguru
the kangaroo
le kangourou

der Wolf
the wolf
le loup

der Dachs
the badger
le blaireau

der Braunbär
the brown bear
l'ours brun

das Nagetier
the squirrel
le rongeur

der Fuchs
the fox
le renard

der Tiger
the tiger
le tigre

der Adler
the eagle
l'aigle

der Falke
the falcon
le faucon

der Puma
the puma
le puma

der Steinbock
the ibex
le bouquetin

**die Gämse
die Gams**
the chamois
le chamois

die Zwergziege
the goat
la chèvre

der Kartenverkauf
the ticket sales
la billetterie

das Bassin
the basin
le bassin

der Pinguin
the penguin
le pingouin

die Robbe
the seal
le phoque

das Nilpferd
the hippo
l'hippopotame

der Elefant
the elephant
l'éléphant

der Rüssel
the trunk
la trompe

der Löwe
the lion
le lion

55

IM BOTANISCHEN GARTEN
IN THE BOTANICAL GARDEN
AU JARDIN BOTANIQUE

der Busch
the bush
le buisson

der Fotograf
the photographer
le photographe

der Nistkasten
the nesting box
le nichoir

die Gärtnerschere
the gardener´s shears
le sécateur

der Gärtner
the gardener
le jardinier

das Blumenbeet
the flower bed
le parterre de fleurs

das Gras
the grass
l'herbe

das Labyrinth
the labyrinth
le labyrinthe

die Narzissen
the daffodil
le narcisse

die Azalee
the azalea
l'azalée

die Tulpe
the tulip
la tulipe

das Vergissmeinnicht
the forget-me-not
le myosotis

die Rose
the rose
la rose

die Schaukel
the swing
la balançoire

der Wigwam
the wigwam
le wigwam

56

der Künstler
the artist
l'artiste

die Staffelei
the easel
le chevalet

der Bach
the creek
le ruisseau

die kleine Brücke
the small bridge
le petit pont

die Schildkröte
the tortoise
la tortue

das Futterhäuschen
the birdhouse
la mangeoire

der Rollstuhl
the wheelchair
le fauteuil roulant

der Pfad
the path
le chemin

die Spazierfahrt
the stroll
la promenade

der Bienenstock
the hive
la ruche

der Buggy
the buggy
la poussette

der Abfallkorb
the rubbish bin *be*
the waste basket *ae*
la poubelle

die Ente
the duck
le canard

das Biotop
the pond
le biotope

der Frosch
the frog
la grenouille

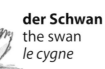

der Schwan
the swan
le cygne

die Seerose
the water lily
le nénuphar

die Bank
the bench
le banc

57

der Reiter
the rider
le cavalier

AUF DEM GESTÜT
AT THE STUD FARM
AU HARAS

das Zuchtpferd
the stud horse
le cheval d'élevage

der Pferdetrainer
the horse trainer
l'entraîneur hippique

der Zylinder
the top hat
le haut de forme

der Dachziegel
the tile
la tuile

die Stallungen
the stables
les écuries

die Taube
the pigeon
le pigeon

das Schwalbennest
the swallow's nest
le nid d'hirondelles

die Schwalbe
the swallow
l'hirondelle

der Reithelm
the riding helmet
la bombe

der Sattel
the saddle
la selle

die Reitstiefel
the riding boots
les bottes d'equitation

die Reitpeitsche at
die Gerte de
the riding crop
la cravache

das Hufeisen
the horseshoe
le fer à cheval

die Mähne
the mane
la crinière

die Hufe
the hooves
le sabot

die Bürste
the brush
la brosse

der Schweif
the tail
la queue

die Zuschauer
the audience
les spectateurs

58

der Zaun
the fence
la clôture

das Fohlen
the foal
le poulain

das Pony
the pony
le poney

der Landarbeiter
the farm labourer
le palefrenier

der Besen
the broom
le balai

die Mistgabel
the pitchfork
la fourche

die Arbeitsgeräte
the tools
les outils de travail

das Stroh
the straw
la paille

der Kübel *at*
der Eimer *de*
the bucket
le seau

der Traktor
the tractor
le tracteur

der Ziehbrunnen
the well
le puits

die Kapelle
the chapel
la chapelle

die Hochzeitskutsche
the wedding carriage
le carrosse des mariés

die Linde
the lime
le tilleul

die Reiseführerin
the guide
la guide

die Touristen
the tourists
les touristes

der Fotoapparat
the camera
l'appareil photo

der Kartenschalter
the ticket office
le guichet

das Brautpaar
bride and groom
les jeunes mariés

59

IM HAFEN
IN THE HARBOR
DANS LE PORT

die Möwe
the seagull
la mouette

das Segelschiff
the sailing ship
le voilier

das Leuchtfeuer
the beacon
la balise

das Meer
the sea
la mer

das Ruderboot
the rowing boat
le canot à rames

das Ruder
the oar
la rame

der Taucher
the diver
le plongeur

die Schwimmflossen
the flippers
les palmes

der Rettungsring
the lifebuoy
la bouée de sauvetage

die Taucherbrille
the diving mask
les lunettes de plongée

die Boje
the buoy
la bouée

das Fischernetz
the fishing net
le filet de pêche

die Fischerstiefel
the fishing boots
les bottes de pêche

das Fischerboot
the fishing boat
le bateau de pêche

der Seestern
the starfish
l'étoile de mer

die Bäckerei
the bakery
la boulangerie

der Tretroller *at*
der Scooter *de*
the scooter
la trottinette

der Sonnenschirm
the parasol
le parasol

der Angler
the fisherman
le pêcheur

die Angelrute
the fishing rod
la canne à pêche

die Statue
the statue
la statue

die Konditorei
the pastry shop
la pâtisserie

das Eisstanitzel *at*
die Eistüte *de*
the ice cream cone
le cornet de glace

der Oktopus
the octopus
la pieuvre

der Fischhändler
the fishmonger
le poissonnier

das Schalentier
the shellfish
le coquillage

der Anker
the anchor
l'ancre

die Seezunge
the sole
la sole

der Hai
the shark
le requin

das Fischangebot
the supply of fish
l'étal de poissons

die Krabbe
the crab
le crabe

der Hummer
the lobster
le homard

61

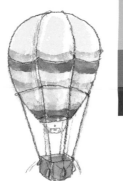

DIE FERIEN
ON VACATION
LES VACANCES

die Bergsteiger *at*
die Bergwanderer *de*
the hiker
les randonneurs

der Kletterer
the mountain climber
l'alpiniste

der Berg
the mountain
la montagne

der Wasserfall
the waterfall
la cascade

der Fluss
the river
la rivière

der Heißluftballon
the hot air balloon
la montgolfière

der Fahnenmast
the flagpole
le mât

das Zeltlager
the camp
le camp

die Fahne
the flag
le drapeau

das Lagerleben
the camp life
la vie des camps

das Lagerfeuer
the camp fire
le feu de camp

das Zelt
the tent
la tente

der Strand
the beach
la plage

die Segelyacht
the sailing yacht
le yacht à voiles

der Leuchtturm
the lighthouse
le phare

das Hafenbecken
the inner harbour
le bassin portuaire

der Nostalgie-Zug
the historic train
le train d'autrefois

das Motorrad
the motorcycle
la moto

der Campingbus
the camper
le camping-car

das Rafting
the raft
le rafting

das Kajak
the kayak
le kayak

die Insel
the island
l'île

 **die Kirche**
the church
l'église

 **die Regentropfen**
the raindrops
les gouttes de pluie

der Blitzschlag
the lightning
l'éclair

 der Wald
the forest
la forêt

 der See
the lake
le lac

die Gewitterwolke
the thundercloud
le nuage d'orage

 der Regenbogen
the rainbow
l'arc -en- ciel

der Tunnel
the tunnel
le tunnel

 **das Linienflugzeug**
the aeroplane *be*
the airplane *ae*
l'avion de ligne

der Flughafen
the airport
l'aéroport

 die Brücke
the bridge
le pont

der Tropfstein
the dripstone
la concrétisation

die Grotte
the grotto
la grotte

das Schloss
the castle
le château

 das Dorf
the village
le village

die Grubenbahn
the mine train
le train de mine

der Ritter
the knight
le chevalier

 **die Rüstung**
the armour *be*
the armor *ae*
l'armure

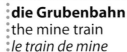 **das Auto**
the car
la voiture

der Reisebus
the coach
l'autocar

 der Parkplatz
the parking lot
le parking

der Schild
the shield
le bouclier

das Schwert
the sword
l'épée

DIE FAHRZEUGE
VEHICLES
LES VEHICULES

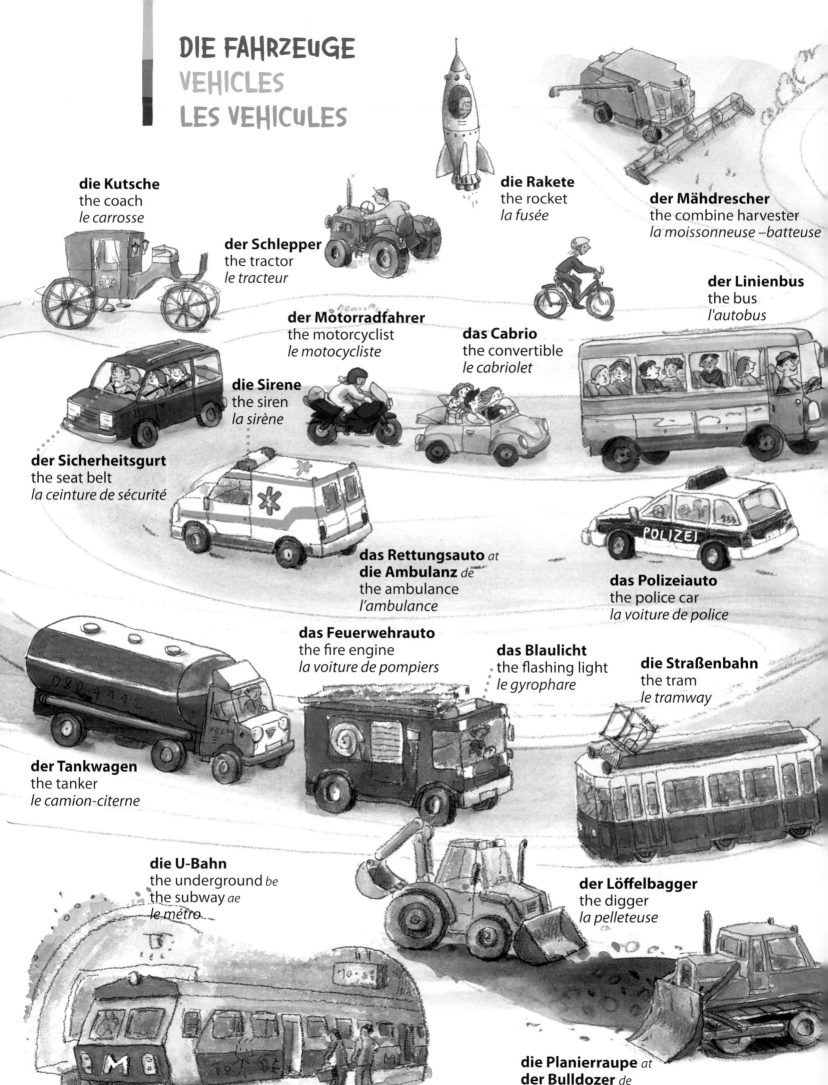

die Kutsche
the coach
le carrosse

der Schlepper
the tractor
le tracteur

die Rakete
the rocket
la fusée

der Mähdrescher
the combine harvester
la moissonneuse –batteuse

der Motorradfahrer
the motorcyclist
le motocycliste

das Cabrio
the convertible
le cabriolet

der Linienbus
the bus
l'autobus

die Sirene
the siren
la sirène

der Sicherheitsgurt
the seat belt
la ceinture de sécurité

das Rettungsauto *at*
die Ambulanz *de*
the ambulance
l'ambulance

das Polizeiauto
the police car
la voiture de police

das Feuerwehrauto
the fire engine
la voiture de pompiers

das Blaulicht
the flashing light
le gyrophare

die Straßenbahn
the tram
le tramway

der Tankwagen
the tanker
le camion-citerne

die U-Bahn
the underground *be*
the subway *ae*
le métro

der Löffelbagger
the digger
la pelleteuse

die Planierraupe *at*
der Bulldozer *de*
the bulldozer
le bulldozer

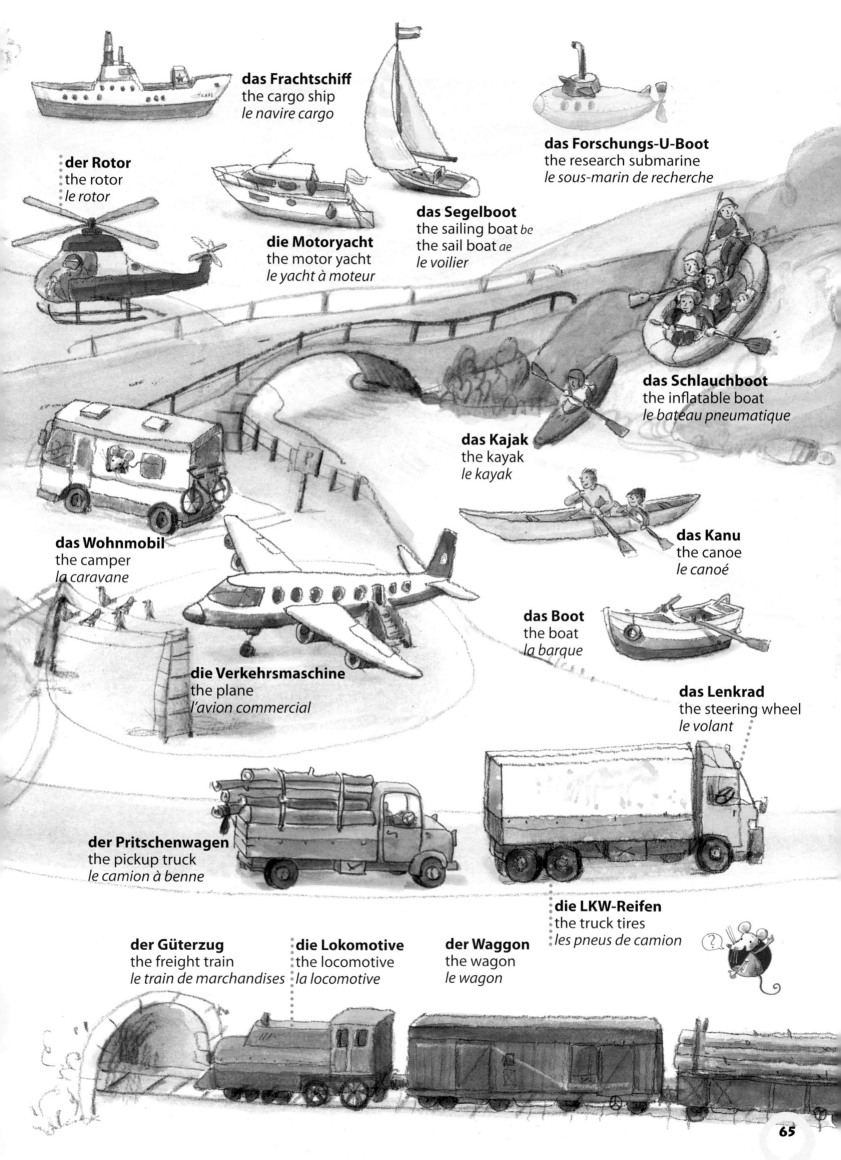

das Frachtschiff
the cargo ship
le navire cargo

der Rotor
the rotor
le rotor

die Motoryacht
the motor yacht
le yacht à moteur

das Segelboot
the sailing boat *be*
the sail boat *ae*
le voilier

das Forschungs-U-Boot
the research submarine
le sous-marin de recherche

das Schlauchboot
the inflatable boat
le bateau pneumatique

das Kajak
the kayak
le kayak

das Kanu
the canoe
le canoé

das Wohnmobil
the camper
la caravane

das Boot
the boat
la barque

die Verkehrsmaschine
the plane
l'avion commercial

das Lenkrad
the steering wheel
le volant

der Pritschenwagen
the pickup truck
le camion à benne

die LKW-Reifen
the truck tires
les pneus de camion

der Güterzug
the freight train
le train de marchandises

die Lokomotive
the locomotive
la locomotive

der Waggon
the wagon
le wagon

65

IM SCHNEE
IN THE SNOW
SUR LA NEIGE

das Iglu
the igloo
l'igloo

das Einflugloch
the entrance hole
l'ouverture

das Vogelhäusche
the birdhouse
le nichoir l'ouverture

die Schneeblöcke
the snow blocks
les blocs de neige

der Schneemann
the snowman
le bonhomme de neige

das Doppeltor
the double gate
la double porte

die Schipiste
the ski slope
la piste de ski

der Schifahrer
the skier
le skieur

die Schneeschaufel
the snow shovel
la pelle à neige

die Schneedecke
the snowpack
la couche de neige

der Schneeball
the snowball
la boule de neige

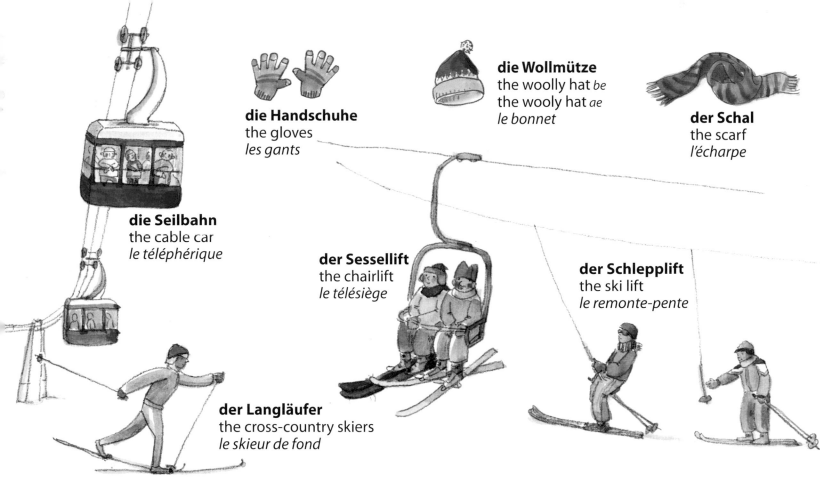

die Seilbahn
the cable car
le téléphérique

die Handschuhe
the gloves
les gants

die Wollmütze
the woolly hat *be*
the wooly hat *ae*
le bonnet

der Schal
the scarf
l'écharpe

der Sessellift
the chairlift
le télésiège

der Schlepplift
the ski lift
le remonte-pente

der Langläufer
the cross-country skiers
le skieur de fond

die Rodel *at*
der Schlitten *de*
the sledge *be*
the sled *ae*
la luge

das Snowboard
the snowboard
le snowboard

das Ziel
the finish
l'arrivée

das Rodeln *at*
das Schlittenfahren *de*
the sledging *be*
the sledding *ae*
faire de la luge

der Schistock
the ski pole
le bâton de ski

die Schi
the ski
le ski

die Schibrille
the ski goggles
les lunettes de ski

der Schianzug
the ski suit
la combinaison de ski

der Helm
the helmet
le casque

die Schischuhe *at*
die Schistiefel *de*
the ski boots
les chaussures de ski

der Schifahrer
the skier
le skieur

die Schifahrerin
the skier
la skieuse

67

SPORT UND SPIEL
SPORTS AND GAMES
SPORTS ET JEUX

der Pokal
the cup
la coupe

die Leichtathletik
athletics
l'athlétisme

der Startblock
the starting block
le starting-block

die Ziellinie
the finishing line
la ligne d'arrivée

der Wettlauf
the race
la course à pied

der Hochsprung
the high jump
le saut en hauteur

die Sportschuhe
the sport shoes
les chaussures de sport

der Degen
the épée
l'épée

das Fechten
fencing
l'escrime

das Judo
judo
le judo

die Medaille
the medal
la médaille

der Gymnastikreifen
the hoop
le cerceau

das Karate
karate
le karaté

das Bodenturnen
gymnastics
la gymnastique au sol

der Tennisball
the tennis ball
la balle de tennis

das Racket
the racket
la raquette

der Schiedsrichter
the referee
l'arbitre

das Tischtennis
table tennis
le tennis de table

das Netz
the net
le filet

das Tennis
tennis
le tennis

die Schwimmbrille
the swim goggles
les lunettes de natation

das Sportbecken
the competition pool
le bassin de compétition

das Schwimmen
swimming
la natation

die Wettkämpfer
the contestants
les concurrents

das Segel
the sail
la voile

der Spinnaker
the spinnaker
le spinnaker

das Segeln
sailing
la voile

der Badeanzug
the swimsuit
le maillot de bain

das Windsurfen
windsurfing
faire de la planche à voile

das Surfbrett
the surfboard
la planche à voile

das Ruder
the oar
la rame

das Rudern
rowing
l'aviron

das Fußballtor
the goal
le but

das Fußballfeld
the football field
le terrain de football

der Basketball
the basketball
le ballon de basket

der Schiedsrichter
the referee
l'arbitre

das Match
the match
le match

der Basketballkorb
the basketball hoop
le panier de basket

Basketball
basketball
le basket

der Eishockeyschläger
the hockey stick
la crosse de hockey

der Puck
the puck
le palet

das Eishockey
ice hockey
le hockey sur glace

Handball
handball
le handball

Baseball
baseball
le baseball

die Sportkleidung
the sportswear
les vêtements de sport

Volleyball
volleyball
le volley-ball

der Baseballschläger
the baseball bat
la batte de base-ball

die Schlittschuhe
the skates
les patins à glace

der Sporthelm
the sports helmet
le casque

die Baseballkappe
the baseball cap
la casquette

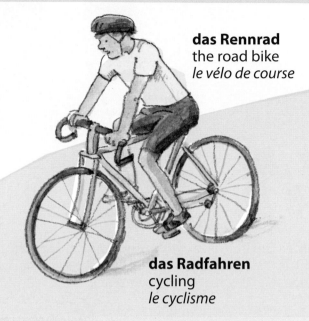

das Rennrad
the road bike
le vélo de course

das Reiten
riding
l'équitation

das Radfahren
cycling
le cyclisme

die Siegerehrung
the award ceremony
la remise des médailles

die Sauerstoffflasche
the oxygen bottle
la bouteille à oxygène

der Eiskunstlauf
figure skating
le patinage artistique

das Tauchen
diving
la plongée

die Tauchermaske
the diving mask
le masque de plongée

die Taucherflossen
the flippers
les palmes

der Pfeil
the arrow
la flèche

as Seil
he rope
a corde

das Klettern
climbing
l'escalade

die Zielscheibe
the target
la cible

das Bogenschießen
archery
le tir à l'arc

der Bogen
the bow
l'arc

DIE GEGENSÄTZE
OPPOSITES
LES CONTRAIRES

voll	**leer**		**jung**	**alt**
full	empty		young	old
plein	*vide*		*jeune*	*vieux*

ein angenehmer Geruch	**ein unangenehmer Geruch**		**hungrig**	**satt**
nice smell	bad smell		hungry	full
la bonne odeur	*la mauraise odeur*		*avoir faim*	*être repu*

schmutzig	**sauber**		**heiß**	**kalt**		**die Hitze**	**die Kälte**
dirty	clean		hot	cold		the heat	the cold
sale	*propre*		*chaud*	*froid*		*la chaleur*	*le froid*

nass	**trocken**		**dick**	**dünn**		**gleich**	**verschieden**
wet	dry		thick	thin		same	different
mouillé	*sec*		*épais*	*fin*		*pareil*	*différent*

rund	**eckig**		**breit**	**schmal**		**weich**	**hart**
round	angular		wide	narrow		soft	hard
rond	*anguleux*		*large*	*étroit*		*mou*	*dur*

jetzt
now
maintenant

früher
in the past
avant

lang
long
long

kurz
short
court

schön
beautiful
beau

hässlich
ugly
laid

langsam
slow
lent

schnell
fast
rapide

leicht
light
léger

schwer
heavy
lourd

offen
open
ouvert

zu *at*
geschlossen *de*
closed
fermé

klein
small
petit

groß
big
grand

dick
fat
gros

dünn
thin
mince

süß
sweet
sucré

sauer
sour
acide

die Verliererin
the loser
la perdante

die Siegerin
the winner
la gagnante

leise
quiet
bas

laut
loud
fort

73

der Astronaut
the astronaut
l'astronaute

der Biber
the beaver
le castor

die Fahne
the flag
le drapeau

der Gorilla
the gorilla
le gorille

das Haus
the house
la maison

der Indianer
the Indian
l'indien

die Maus
the mouse
la souris

das Nashorn
the rhino
le rhinocéros

das Ohr
the ear
l'oreille

der Tiger
the tiger
le tigre

die Uhr
the watch
la montre

der Vulkan
the volcano
le volcan

die Wasserfarben
the water colours *be*
the water colors *ae*
les peintures à l'eau

C

der Computer
the computer
l'ordinateur

D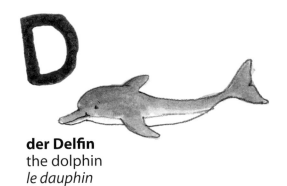

der Delfin
the dolphin
le dauphin

E

der Esel
the donkey
l'âne

J

die Jacke
the cardigan
le cardigan

K

die Kastanie
the chestnut
la châtaigne

L

der Leopard
the leopard
le léopard

P

der Panda
the panda
le panda

Qu

das Quadrat
the square
le carré

R

der Roboter
the robot
le robot

S

die Sonne
the sun
le soleil

X

das Xylophon
the xylophone
le xylophone

Y

die Yacht
the yacht
le yacht

Z

das Zebra
the zebra
le zèbre

DIE ZAHLEN
NUMBERS
LES NOMBRES

1 **eins**
one
un

2 **zwei**
two
deux

3 **drei**
three
trois

4 **vier**
four
quatre

5 **fünf**
five
cinq

6 **sechs**
six
six

7 **sieben**
seven
sept

8 **acht**
eight
huit

9 **neun**
nine
neuf

10 **zehn**
ten
dix

11 **elf**
eleven
onze

12 **zwölf**
twelve
douze

13 **dreizehn**
thirteen
treize

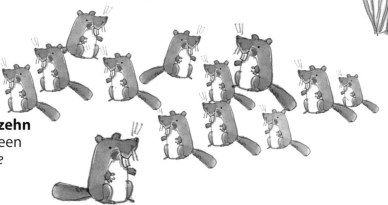

14 **vierzehn**
fourteen
quatorze

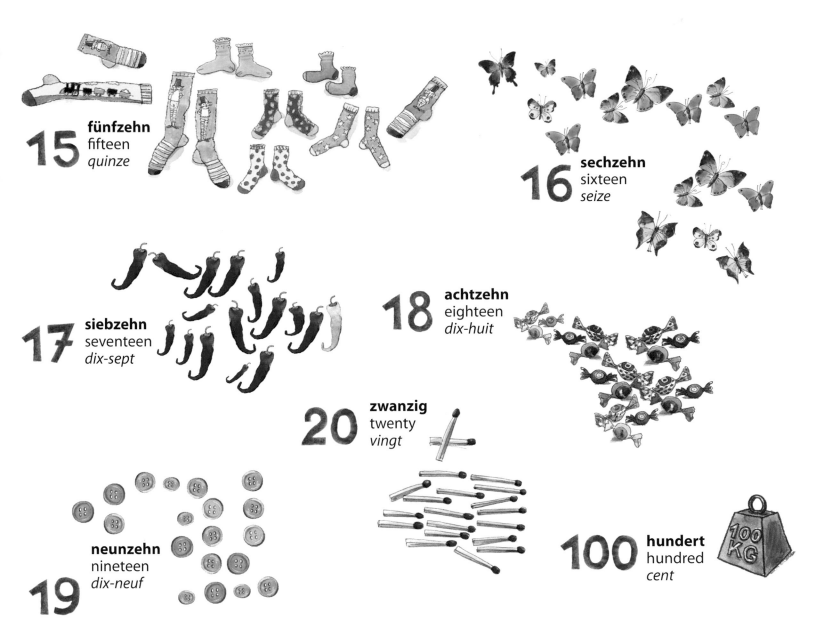

15 **fünfzehn**
fifteen
quinze

16 **sechzehn**
sixteen
seize

17 **siebzehn**
seventeen
dix-sept

18 **achtzehn**
eighteen
dix-huit

20 **zwanzig**
twenty
vingt

19 **neunzehn**
nineteen
dix-neuf

100 **hundert**
hundred
cent

DER KALENDER
THE CALENDAR
LE CALENDRIER

die Wochentage:
the days of the week:
les jours de la semaine:

Montag Monday *lundi*	**Freitag** Friday *vendredi*
Dienstag Tuesday *mardi*	**Samstag** Saturday *samedi*
Mittwoch Wednesday *mercredi*	**Sonntag** Sunday *dimanche*
Donnerstag Thursday *jeudi*	

der Tag
the day
le jour

die Nacht
the night
la nuit

der Stern
the star
l'étoile

der Mond
the moon
la lune

die Woche
the week
la semaine

der Monat
the month
le mois

das Jahr
the year
l'année

DIE ZWÖLF MONATE
THE TWELVE MONTHS
LES DOUZE MOIS

Jänner *at* **Januar** *de* January *janvier*	**Juli** July *juillet*
Feber *at* **Februar** *de* February *février*	**August** August *août*
März March *mars*	**September** September *septembre*
April April *avril*	**Oktober** October *octobre*
Mai May *mai*	**November** November *novembre*
Juni June *juin*	**Dezember** December *décembre*

DIE FESTE
THE CELEBRATIONS
LES FETES

das Geschenk
the present
le cadeau

das Geschenkband
the ribbon
le ruban

DER GEBURTSTAG
THE BIRTHDAY
L'ANNIVERSAIRE

das Geschenkpapier
the wrapping paper *be*
the gift wrap *ae*
le papier cadeau

der Luftballon
the balloon
le ballon

die Geburtstagskerze
the birthday candle
la bougie d'anniversaire

die Feier
the celebration
la fête

die Zündhölzer *at*
die Streichhölzer *de*
the matches
l'allumette

die Geburtstagstorte
the birthday cake
le gâteau d'anniversaire

das Glas
the glass
le verre

der Strohhalm *at*
der Trinkhalm *de*
the straw
la paille

das Erinnerungsfoto
the souvenir photo
la photo souvenir

der Lippenstift
the lipstick
le rouge à lèvres

DER FASCHING *at*
DER KARNEVAL *de*
THE CARNIVAL
LE CARNAVAL

die Krone
the crown
la couronne

die Perücke
the wig
la perruque

die Maske
the mask
le masque

die Konfetti
the confetti
les confettis

die Prinzessin
the princess
la princesse

der Krapfen *at*
der Berliner *de*
the doughnut
le beignet

der Dinosaurier
the dinosaur
le dinosaure

der König
the king
le roi

der Clown
the clown
le clown

die Hexe
the witch
la sorcière

das Drachenkostüm
the dragon costume
le costume de dragon

WEIHNACHTEN
CHRISTMAS
NOËL

der Christbaum *at*
der Weihnachtsbaum *de*
the Christmas tree
l'arbre de Noël

die Weihnachtsdekoration
the Christmas decorations
les décorations de Noël

der Weihnachtsmann
Santa Claus
le père Noël

die Weihnachtsbeleuchtung
the Christmas lights
les guirlandes de Noël

NEUJAHR
NEW YEAR
LE NOUVEL AN

das Feuerwerk
the fireworks
le feu d'artifice

das Rentier
the reindeer
le renne

der Nikolaus
Saint Nicholas
Saint Nicolas

die Mitternacht
the midnight
minuit

der Weihnachtskuchen
the Christmas cake
la bûche de Noël

OSTERN
EASTER
PAQUES

der Osterhase
the Easter bunny
le lapin de Pâques

die Ostereier
the Easter eggs
les oeufs de Pâques

DIE HOCHZEIT
THE WEDDING
LE MARIAGE

der Bräutigam
the groom
le marié

die Braut
the bride
la mariée

die Videokamera
the video camera
le caméscope

die Hochzeitsgäste
the wedding guests
les invités au mariage

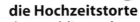

der Brautstrauß
the bridal bouqet
le bouquet de la marriée

die Hochzeitstorte
the wedding cake
le gâteau de mariage

die Geschenke
the presents
les cadeaux

der Ehering
the wedding ring
l'alliance

der Osterkorb
the Easter basket
le panier de Pâques

der Osterschinken
the Easter ham
le jambon de Pâques

DIE FARBEN
COLOURS be
COLORS ae
LES COULEURS

weiß
white
blanc

schwarz
black
noir

grau
grey *be*
gray *ae*
gris

grün
green
vert

blau
blue
bleu

violett
violet
violet

gelb
yellow
jaune

orange
orange
orange

rot
red
rouge

braun
brown
marron

rosa
pink
rose

DIE FORMEN
SHAPES
LES FORMES

der Kreis
the circle
le cercle

das Oval
the oval
l'ovale

der Rhombus
die Raute
the rhombus
le losange

der Stern
the star
l'étoile

das Dreieck
the triangle
le triangle

das Herz
the heart
le coeur

die Mondsichel
the crescent moon
le croissant de lune

das Quadrat
the square
le carré

das Rechteck
the rectangle
le rectangle

DAS WETTER
THE WEATHER
LE TEMPS

die Wolke
the cloud
le nuage

der Regen
the rain
la pluie

die Eiszapfen
the icicles
les stalactites de glace

die Schneeflocke
the snowflake
le flocon de neige

der Schnee
the snow
la neige

das Eis
the ice
la glace

die Sonne
the sun
le soleil

die Lacke *at*
die Pfütze *de*
the puddle
la flaque d'eau

der Schatten
the shadow
l'ombre

der Regenbogen
the rainbow
l'arc-en-ciel

der Blitz ....
the lightning
la foudre

der Sturm
the storm
la tempête

der Wind
the wind
le vent

DIE JAHRESZEITEN
THE SEASONS
LES SAISONS

der Frühling
the spring
le printemps

der Sommer
the summer
l'été

der Herbst
the autumn *be*
the fall *ae*
l'automne

der Winter
the winter
l'hiver

ALPHABETISCHER INDEX
ALPHABETICAL INDEX
INDEX ALPHABÉTIQUE

A

B

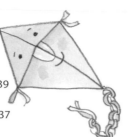

G

Gitarre the guitar *la guitare* 38
Glas the glass *le verre* 18, 78
gleich same *pareil* 72
Globus the globe *le globe terrestre* 32
Glockenblume the bluebell *la campanule* 49
Gorilla the gorilla *le gorille* 54, 74
Grapefruit the grapefruit *le pamplemousse* 19
Gras the grass *l'herbe* 49, 56
grau grey/gray *gris* 80
Grille the cricket *le grillon* 48
groß big *grand* 73
Größenmesser the height gauge *la toise* 31
Großmutter the grandmother *la grand-mère* 4
Großvater the grandfather *le grand-père* 4
Grotte the grotto *la grotte* 63
Grubenbahn the mine train *le train de mine* 63
grün green *vert* 80
grüne Bohnen *de* the green beans *les haricots verts* 23
grüne Erbsen *de* the green peas *les petits-pois* 21
grüner Paprika the green pepper *le poivron vert* 23
Gummistiefel the wellingtons/the rubber boots *les bottes en plastique* 15, 46
Gurke the cucumber *le concombre* 21
Gürtel the belt *la ceinture* 14
Gute-Nacht-Lieder the lullabies *les berceuses* 36
Güterzug the freight train *le train de marchandises* 65
Gymnastikreifen the hoop *le cerceau* 68

H

Haarbürste the hair brush *la brosse à cheveux* 10
Haare the hair *les cheveux* 12
Haarpinsel the paint brush *le pinceau* 32
Haarwaschmittel *de* the shampoo *le shampooing* 11, 25
Hafen in the harbor *dans le port* 60
Hafenbecken the inner harbour *le bassin portuaire* 62
Hahn the rooster *le coq* 45
Hai the shark *le requin* 61
Hakenschnabel the hooked beak *le bec crochu* 52
Hals the neck *le cou* 12
Halskette the necklace *le collier* 9
Hand the hand *la main* 12
Handball handball *le handball* 70
Handcreme the hand cream *la crème pour les mains* 10
Handgelenk the wrist *le poignet* 12
Handpuppen the hand puppets *les marionnettes* 36
Handschuhe the gloves *les gants* 67
Handtasche the handbag/the purse *le sac à main* 34
Handtuch the towel *la serviette* 10
Handwagen *de* the cart *la charrette* 23
Handy the mobile phone *le téléphone portable* 30
Hängelampe the hanging lamp *la lampe* 33
Harfe the harp *la harpe* 39
Harke *de* the rake *le râteau* 46
hart hard *dur* 72
Hase the hare *le liévre* 51
Haselmaus the dormouse *le muscardin* 53
Haselnuss the hazelnut *la noisette* 20

hässlich ugly *laid* 73
Häuptelsalat *at* the lettuce *la laitue* 21
Haus the house *la maison* 6, 74
Haushaltsleiter *at* the stepladder *l'escabeau* 47
Hausschuhe *de* the slippers *les pantoufles* 14
Haustür *at* the front door *la porte d'entrée* 7
Haustüre *de* the front door *la porte d'entrée* 7
Heft the exercise book *le cahier* 33
Heidelbeere *at* the blueberry *la myrtille* 20, 51
Heindl *at* the hoe *la houe* 43
heiß hot *chaud* 72
Heißluftballon the hot air balloon *la montgolfière* 62
Helikopter the helicopter *l'hélicoptère* 37
Helm the helmet *le casque* 67
Hemd the shirt *la chemise* 15
Henne the hen *la poule* 44
Herbst the autumn/the fall *l'automne* 81
Herd the cooker/the stove *la cuisinière* 17
Herz the heart *le coeur* 80
Heu the hay *le foin* 43
Heuschreck *at* the grasshopper *la sauterelle* 48
Heuschrecke *de* the grasshopper *la sauterelle* 48
Hexe the witch *la sorcière* 78
Hi-Fi-Anlage *de* the hi-fi system/the stereo system *la chaîne hi-fi* 7
Himbeere the raspberry *la framboise* 20
Hirsch the deer *le cerf* 52
Hitze the heat *la chaleur* 72
Hochsprung the high jump *le saut en hauteur* 68
Hochzeit the wedding *le mariage* 79
Hochzeitsgäste the wedding guests *les invités au mariage* 79
Hochzeitskutsche the wedding carriage *le carrosse des mariés* 59
Hochzeitstorte the wedding cake *le gâteau de mariage* 79
Hocker the stool *le tabouret* 46
Hofhund the yard dog/the watchdog *le chien de garde* 43
Holzbank the wooden bench *le banc en bois* 43
Honig the honey *le miel* 18
Honigbiene the honey-bee *l'abeille à miel* 49
Horn the horn *la corne* 44
Horn the horn *le cor d'harmonie* 38
Hörnchen *de* the croissant *le croissant* 18
Hose the trousers/the pants *le pantalon* 15
Hosentasche the trouser pocket *la poche du pantalon* 15
Hotel the hotel *l'hôtel* 29
Hubschrauber the helicopter *l'hélicoptère* 9
Huf the hoof *le sabot* 45
Hufe the hooves *le sabot* 58
Hufeisen the horseshoe *le fer à cheval* 58
Hügel the hill *la colline* 40
Hühnerei the egg *l'œuf de poule* 22
Hummel the bumble-bee *le bourdon* 49
Hummer the lobster *le homard* 61
Hund the dog *le chien* 23
Hundeball the dog ball *la balle du chien* 23
Hundehalsband the dog collar *le collier de chien* 27
Hundehütte the doghouse *la niche* 6, 43
hundert hundred *cent* 77
Hündin the bitch *la chienne* 44
hungrig hungry *avoir faim* 72
Hüpfspiel the hopscotch *la marelle* 27
Hut the hat *le chapeau* 15

I

J

K

Kommode *de* the chest of drawers *la commode* 8
Konditorei the pastry shop *la pâtisserie* 61
Konfetti the confetti *les confettis* 78
König the king *le roi* 78
Konservendose the tin *la boîte de conserve* 25
Kontrabass the double bass *la contrebasse* 39
Konzert the concert *le concert* 39
Kopf the head *la tête* 12
Kopfkissen *de* the pillow *l'oreiller* 8
Kopfpolster *at* the pillow *l'oreiller* 8
Kopfsalat *de* the lettuce *la laitue* 21
Kopftuch the headscarf *le foulard* 47
Korb the basket *le panier* 42
Körper my body *mon corps* 12
Krabbe the crab *le crabe* 61
Kracherl *at* the lemonade *la limonade* 19
Krähe the crow *le corbeau* 45
Krankenschwester the nurse *l'infirmière* 30
Krapfen *at* the doughnut *le beignet* 78
Krawatte the tie *la cravate* 15
Kreide the chalk *la craie* 33
Kreis the circle *le cercle* 80
Krokodil the crocodile *le crocodile* 54
Krone the crown *la couronne* 78
Krücke the crutch *la béquille* 30
Krug the jug/the pitcher *la cruche* 46
Kübel *at* the bucket *le seau* 59
Küche the kitchen *la cuisine* 6, 16
Küchenbesen *de* the kitchen broom *le balai* 17
Küchenschürze the apron *le tablier* 17
Küchentuch *de* the tea towel *le torchon* 17
Küchenuhr the kitchen clock *la pendule de cuisine* 17
Küchenwaage the kitchen scale *la balance* 17
Kuckuck the cuckoo *le coucou* 51
Kugelschreiber the ballpoint pen *le stylo à bille* 33
Kuh the cow *la vache* 44
Kuhfladen the cow dung *la bouse de vache* 44
Kühlschrank the fridge *le frigidaire* 17
Küken the chicks *les poussins* 44
Kukuruz *at* the maize/the corn *le maïs* 21
Kukuruzkolben *at* the corncob *l'épi de maïs* 42
Kunsthalle the art gallery *le musée d'art* 28
Künstler the artist *l'artiste* 57
Kürbis the pumpkin *la citrouille* 23
kurz short *court* 73
Kuschelbär the teddy bear *l'ours en peluche* 36
Kusine *de* cousin *cousine* 4
Kutsche the coach *le carrosse* 64

L

Labor the laboratory *le laboratoire* 30
Labyrinth the labyrinth *le labyrinthe* 56
Lacke *at* the puddle *la flaque d'eau* 81
Lade *at* the drawer *le tiroir* 8, 17
Lagerfeuer the camp fire *le feu de camp* 62
Lagerleben the camp life *la vie des camps* 62
Lamm the lamb *l'agneau* 44
Lampe the lamp *la lampe* 6

Land in the countryside *à la campagne* 40
Landarbeiter the farm labourer *le palefrenier* 59
Landkarte the map *la carte de géographie* 32
Landschildkröte the tortoise *la tortue* 54
lang long *long* 73
Langläufer the cross-country skiers *le skieur de fond* 67
langsam slow *lent* 73
Lastwagen the lorry/the truck *le camion* 27
Laubbaum the deciduous tree *l'arbre à feuilles* 27
Laubfrosch the tree frog *la rainette* 49
Lauch *de* the leek *le poireau* 21
Lauch the leek *le poireau* 23
laut loud *fort* 73
Lebensmittel und Mahlzeiten food and meals *la nourriture et les repas* 18
leer empty *vide* 72
Lehrer the teacher *l'instituteur* 33
Lehrerin the teacher *l'institutrice* 32
leicht light *léger* 73
Leichtathletik athletics *l'athlétisme* 68
leise quiet *bas* 73
Leiter the ladder *l'échelle* 26, 47
Leiterwagen *at* the cart *la charrette* 23
Lektorin the editor *la rédactrice* 96
Lenkrad the steering wheel *le volant* 65
Leopard the leopard *le léopard* 75
Leselampe the reading light *la lampe de lecture* 9
Lesetisch the reading table *la table de lecture* 34
Leuchtfeuer the beacon *la balise* 60
Leuchtturm the lighthouse *le phare* 62
Lieder the songs *les chansons* 35
Lieferwagen the van/the delivery truck *le camion* 37
Limonade *de* the lemonade *la limonade* 19
Linde the lime *le tilleul* 59
Lineal the ruler *la règle* 33
Linienbus the bus *l'autobus* 64
Linienflugzeug the aeroplane/the airplane *l'avion de ligne* 63
Lippe the lip *la lèvre* 13
Lippenstift the lipstick *le rouge à lèvres* 78
LKW-Reifen the truck tires *les pneus de camion* 65
Löffel the spoon *la cuillère* 16
Löffelbagger the digger *la pelleteuse* 64
Lokomotive the locomotive *la locomotive* 65
Lolly *de* the lollipop *la sucette* 19
Löwe the lion *le lion* 55
Löwenzahn the dandelion *le pissenlit* 49
Luchs the lynx *le lynx* 52
Luftballon the balloon *le ballon* 78

M

Mädchen the girl *les filles* 5
Magazine the magazines *les magazines* 34
Mähdrescher the combine harvester *la moissonneuse-batteuse* 41, 64
Mähne the mane *la crinière* 58
Mai May *mai* 77
Mais *de* the maize/the corn *le maïs* 21
Maiskolben *de* the corncob *l'épi de maïs* 42

Malstifte *at* the coloured pencils/the colored pencils *les crayons de couleur* 30
Mandel the almond *l'amande* 20
Mann the man *l'homme* 5
Männer the men *les hommes* 5
Mantel the coat *le manteau* 14
Märchenbuch the storybook *le livre de contes* 9, 36
Marder the marten *la martre* 52
Margerite the daisy *la marguerite* 49

Marienkäfer the ladybird *la coccinelle* 48
Marille *at* the apricot *l'abricot* 20
Marionette the marionette *la marionnette* 36
Marionettentheater the puppet show *le théâtre de marionnettes* 28
Markt market *marché* 22, 28
Marktstand the stall *l'étal* 22
Marmelade the jam *la confiture* 19
März March *mars* 77
Maske the mask *le masque* 78
Match the match *le match* 70
Mauer the wall *le mur* 40
Mauersegler the swift *le martinet* 42
Maulwurf the mole *la taupe* 45
Maulwurfsbau the burrow *les galeries* 48
Maulwurfshügel the molehill *la taupinière* 48
Maus the mouse *la souris* 45, 74
Medaille the medal *la médaille* 68
Medikament the medication *le médicament* 31
Meer the sea *la mer* 60
Meersalz the sea salt *le sel de mer* 25
Mehl the flour *la farine* 25
Melanzani *at* the eggplant *l'aubergine* 21
Melone the melon *le melon* 20

Memo-Spiel the memory game *le memory* 37
Messer the knife *le couteau* 16
Metzger *de* the butcher *le boucher* 25
Mikroskop the microscope *le microscope* 31
Milch the milk *le lait* 24
Milchflasche the milk bottle *la bouteille de lait* 18
Milchkuh the dairy cow *la vache laitière* 40
Mischbatterie the tap/the faucet *le mélangeur* 10
Mist the manure *le fumier* 43
Mistgabel the pitchfork *la fourche* 59
Mistkübel *at* the rubbish bin/the trash can *la poubelle* 17
Mistschaufel *at* the dustpan *la pelle à poussière* 17
Mittag *at* the lunch *le déjeuner* 18
Mittagessen the lunch *le déjeuner* 18
Mittagstisch *de* the lunch *le déjeuner* 18
Mittelfinger the middle finger *le majeur* 12
Mitternacht the midnight *minuit* 79
Mittwoch Wednesday *mercredi* 77
Mixer the food mixer *le mixer* 17
Mofa *de* the moped *la mobylette* 40
Mohn the poppy *le coquelicot* 49
Möhre *de* the carrot *la carotte* 42
Mohrrübe *de* the carrot *la carotte* 21
Monat the month *le mois* 77
Mond the moon *la lune* 77
Mondsichel the crescent moon *le croissant de lune* 80
Montag Monday *lundi* 77
Moped *at* the moped *la mobylette* 40
Morgen *de* the morning *le matin* 18
Motorrad the motorcycle *la moto* 62
Motorradfahrer the motorcyclist *le motocycliste* 64
Motoryacht the motor yacht *le yacht à moteur* 65
Möwe the seagull *la mouette* 60
Mülleimer *at* the trash can *la poubelle* 33

Mülltonne the dustbin/the trash can *la poubelle* 7
Mund the mouth *la bouche* 13
Mundharmonika the harmonica *l'harmonica* 38
Münze the coins *la pièce de monnaie* 25
Murmeln the marbles *les billes* 37
Museum the museum *le musée* 28
Musikinstrumente musical instruments *les instruments de musique* 38
Mutter the mother *la mère* 4

N

Nabel *at* the belly button *le nombril* 12
Nacht the night *la nuit* 77
Nachtfalter the moth *le papillon de nuit* 49
Nachtkästchen *at* the bedside table *la table de nuit* 7
Nachttisch *de* the bedside table *la table de nuit* 7
Nacktschnecke *at* the slug *la limace* 45, 49
Nagetier the squirrel *le rongeur* 55
Narzissen the daffodil *le narcisse* 56
Nase the nose *le nez* 13
Nashorn the rhino *le rhinocéros* 74
nass wet *mouillé* 72
Nest the nest *le nid* 43
Netz the net *le filet* 69
Neujahr New year *le nouvel an* 79
neun nine *neuf* 76
neunzehn nineteen *dix-neuf* 77
Nikolaus Saint Nicholas *Saint Nicolas* 79
Nilpferd the hippo *l'hippopotame* 55
Nistkasten the nesting box *le nichoir* 56
Nostalgie-Zug the historic train *le train d'autrefois* 62
Note the note *la note* 39
November November *novembre* 77

O

Oboe the oboe *le hautbois* 38
Obst the fruit *les fruits* 23
Obst und Gemüse fruit and vegetables *fruits et légumes* 20, 24
Obstbaum the fruit tree *l'arbre fruitier* 42
Obstgarten in the orchard *dans le verger* 46
Obstkiste the fruit crate *le cageot de fruits* 46
Obstkorb the fruit basket *la corbeille à fruits* 16
Obstsalat the fruit salad *la salade de fruits* 19
Obsttransport the fruit transport *le transport* 23
offen open *ouvert* 73
Ohr the ear *l'oreille* 13, 74
Ohren the ears *les oreilles* 13
Ohrhörer the earphones *les écouteurs* 35
Oktober October *octobre* 77
Oktopus the octopus *la pieuvre* 61
Öl the oil *l'huile* 25
Ölbild the oil painting *le tableau* 28
Ölfarben the paints *les peintures* 32
Oliven the olives *les olives* 25
Olivenöl the olive oil *l'huile d'olive* 18
Ölkreiden *at* the wax crayons *les craies grasses* 32
Oma the grandma *la mamie* 5
Onkel the uncle *l'oncle* 4
Opa the grandpa *le papi* 5
Oper the opera house *l'opéra* 28
orange orange *orange* 80
Orange the orange *l'orange* 20
Orchester the orchestra *l'orchestre* 39

Regentropfen the raindrops *les gouttes de pluie* 63
Regenwurm the earthworm *le ver de terre* 48
Reh the deer *le chevreuil* 53
Rehbock the roebuck *le chevreuil* 52
Rehkitz the fawn *le faon* 53
Reibe the grater *la râpe* 16
Reifen the hoop *le cerceau* 27
Reinigungsmittel *de* the cleaning products *les produits d'entretien* 11
Reis the rice *le riz* 25
Reisebus the coach *l'autocar* 63
Reiseführerin the guide *la guide* 59
Reisschüssel the rice bowl *le bol à riz* 19
Reißverschluss *de*the zip/the zipper *la fermeture éclair* 15
Reiten riding *l'équitation* 71
Reiter the rider *le cavalier* 58
Reithelm the riding helmet *la bombe* 58
Reitpeitsche *at* the riding crop *la cravache* 58
Reitstiefel the riding boots *les bottes d'equitation* 58
Rennrad the road bike *le vélo de course* 71
Rentier the reindeer *le renne* 79
Rettich the radish *le radis* 23
Rettungsauto *at* the ambulance *l'ambulance* 64
Rettungsring the lifebuoy *la bouée de sauvetage* 60
Rezept the prescription *l'ordonnance* 31
Rhombus the rhombus *le losange* 80
Ringelspiel *at* the merry-go-round *le tourniquet* 26
Ringeltaube the wood pigeon *la palombe* 22
Ringfinger the ring finger *l'annulaire* 12
Ritter the knight *le chevalier* 63
Robbe the seal *le phoque* 55
Roboter the robot *le robot* 75
Rock the skirt *la jupe* 14
Rodel *at* the sledge/the sled *la luge* 67
Rodeln *at* the sledging/the sledding *faire de la luge* 67
Rollo *de* the blind *le store* 8
Rollstuhl the wheelchair *le fauteuil roulant* 31, 57
rosa pink *rose* 80
Rose the rose *la rose* 56
rot red *rouge* 80
rote Bete *de* the beetroot *la betterave* 21
rote Rübe *at* the beetroot *la betterave* 21
Rotfuchs the red fox *le renard roux* 52
Rotor the rotor *le rotor* 65
Rücken the back *le dos* 12
Rucksack the rucksack/the backpack *le sac à dos* 9
Ruder the oar *la rame* 60, 69
Ruderboot the rowing boat *le canot à rames* 60
Rudern rowing *l'aviron* 69
rund round *rond* 72
Rüssel the trunk *la trompe* 55
Rüstung the armour/the armor *l'armure* 63
Rutsche the slide *le toboggan* 27

S

Sachbücher the non-fiction *un livre specialisé* 36
Saft the juice *le jus* 19
Salami the salami *le salami* 25
Salat the salad *la laitue* 23
Salatbeet the lettuce bed *le carré de salades* 43
Salatschüssel the salad bowl *le saladier* 18
Salz the salt *le sel* 19
salzig salty *salé* 19
Salzstreuer the salt pot/the salt shaker *la salière* 17
Sammelkörbchen the basket *le panier* 51

Samstag Saturday *samedi* 77
Sandalen the sandals *les sandales* 15
Sandburg the sand castle *le château de sable* 26
Sandkasten *de* the sandpit *le bac à sable* 26
Sandkiste *at* the sandpit *le bac à sable* 26
Sandküberl *at* the bucket *le seau* 26
Sandrechen the rake *le râteau* 26
Sandwich the sandwich *le sandwich*
Sänger the singer *le chanteur* 39
Sängerin the singer *la cantatrice* 39
satt full *être repu* 72
Sattel the saddle *la selle* 58
sauber clean *propre* 72
sauer sour *aigre* 19 ,73
Sauerkraut the sauerkraut *la choucroute* 19
Sauerkrautfass the sauerkraut barrel *le baril de choucroute* 23
Sauerstoffflasche the oxygen bottle *la bouteille à oxygène* 71
Saxophon the saxophone *le saxophone* 38
Schachfiguren the chess pieces *les pièces d'échecs* 37
Schachspiel the chess set *le jeu d'échecs* 9
Schachtel *at* the box *le carton*25
Schaf the sheep *le mouton* 44
Schal the scarf *l'écharpe* 15, 67
Schalentier the shellfish *le coquillage* 61
Schatten the shadow *l'ombre* 81
Schaukel the swing *la balançoire* 56
Schaumbad the bubble bath *le bain moussant* 11
Scheibtruhe *at* the wheelbarrow *la brouette* 41
Schemel *de* the stool *le tabouret* 46
Schere the scissors *les ciseaux* 32
Scheune the barn *la grange* 41
Schi the ski *le ski* 67
Schianzug *at* the snowsuit *la combinaison de ski* 15, 67
Schibrille the ski goggles *les lunettes de ski* 67
Schiedsrichter the referee *l'arbitre* 69, 70
Schifahrer the skier *le skieur* 66, 67
Schifahrerin the skier *la skieuse* 67
Schild the shield *le bouclier* 63
Schildkröte the tortoise *la tortue* 57
Schimmel the white horse *le cheval blanc* 40
Schimpanse the chimpanzee *le chimpanzé* 54
Schipiste the ski slope *la piste de ski* 66
Schirmmütze *de* the cap *la casquette* 15
Schischuhe *at* the ski boots *les chaussures de ski* 67
Schistiefel *de* the ski boots *les chaussures de ski* 67
Schistock the ski pole *le bâton de ski* 67
Schlafzimmer the bedroom *la chambre à coucher* 7
Schläger the racket *la raquette* 37
Schlagobers *at* the cream *la crème* 24
Schlagsahne *de* the cream *la crème* 24
Schlauchboot the inflatable boat *le bateau pneumatique* 65
Schlecker *at* the lollipop *la sucette* 19
Schlepper the tractor *le tracteur* 64
Schlepplift the ski lift *le remonte-pente* 67
Schlitten *de*the sledge/the sled *la luge* 67
Schlittenfahren *de* the sledging/the sledding *faire de la luge* 67
Schlittschuhe the skates *les patins à glace* 71
Schloss the castle *le château* 63
Schlossturm the castle tower *le donjon* 29
Schlüssel the key *la clef* 7
schmal narrow *étroit* 72
Schmetterling the butterfly *le papillon* 9
Schmuckdose the jewelry box *la boite à bijoux* 9
schmutzig dirty *sale* 72
Schmutzwäsche the laundry *le linge sale* 10
Schnabel the beak *le bec* 44

Spieltunnel the tunnel *le tunnel* 27
Spielzeug the toy *le jouet* 8
Spielzeugauto the toy car *la voiture miniature* 27
Spielzeugbagger the digger *la pelleteuse* 37
Spielzeugeimer *de* the bucket *le seau* 26
Spielzeugherd the toy stove *la cuisinière de poupée* 37
Spinat the spinach *les épinards* 18
Spinnaker the spinnaker *le spinnaker* 69
Spinne the spider *l'araignée* 48
Spinnennetz the spider's web *la toile d'araignée* 45
Spinnwebe the cobweb *la toile d'araignée* 43
Spitzer the sharpener *le taille crayon* 33
Sport und Spiel sports and games *sports et jeux* 68
Sportbecken the competition pool *le bassin de compétition* 69
Sporthelm the sports helmet *le casque* 71
Sportkleidung the sportswear *les vêtements de sport* 70
Sportschuhe the trainers/the sneakers *les baskets* 15, 68
Sportwagen the pushchair/the stroller *la poussette* 37
Springschnur *at* the skipping rope *la corde à sauter* 27
Springseil *de* the skipping rope *la corde à sauter* 27
Spritze the syringe *la seringue* 31
Spüle *de* the sink *l'évier* 17
Stadt in the city *en ville* 28
Staffelei the easel *le chevalet* 57
Stall the stable *l'écurie* 42
Stallungen the stables *les écuries* 58
Stängel the stem *la tige* 49
Startblock the starting block *le starting-block* 68
Statue the statue *la statue* 61
Staubsauger the vacuum cleaner *l'aspirateur* 7
Steckdose the socket *la prise électrique* 10
Steige the crate *le cageot* 22
Steinadler the golden eagle *l'aigle royal* 53
Steinbock the ibex *le bouquetin* 55
Steinpilz the cep *le cèpe* 51
Stereoanlage *at* the hi-fi system/the stereo system *la chaîne hi-fi* 7
Stern the star *l'étoile* 77, 80
Stethoskop the stethoscope *le stétoscope* 31
Stiege *at* the staircase *l'escalier* 7
Stier *at* the bull *le taureau* 44
Stirn the forehead *le front* 13
Stockerl *at* the stool *le tabouret* 46
Stoffelefant the fabric elephant *l'éléphant en peluche* 36
Stoffpuppe the rag doll *la poupée de chiffon* 37
Stolz the pride *la fierté* 13
Storch the stork *la cigogne* 54
Strand the beach *la plage* 62
Straße the road *la route* 40
Straßenbahn the tram *le tramway* 64
Straßenlaterne the street light *le lampadaire* 29
Strauß the ostrich *l'autruche* 54
Streichhölzer *de* the matches *l'allumette* 78
Stroh the straw *la paille* 59
Strohballen the straw bale *la botte de paille* 41
Strohbesen the straw broom *le balai de paille* 43
Strohhalm *at* the straw *la paille* 78
Strohhut the straw hat *le chapeau de paille* 15
Strumpfhosen the tights *les collants* 14
Stuhl *de* the chair *la chaise* 6
Sturm the storm *la tempête* 81
Supermarkt supermarket *supermarché* 24, 25
Suppe the soup *la soupe* 18
Surfbrett the surfboard *la planche à voile* 69
süß sweet *sucré* 19, 73

T

Tablett the tray *le plateau* 33
Tafel *at* the blackboard *le tableau noir* 33
Tafelapfel the apple *la pomme* 47
Tafelbirne the pear *la poire* 47
Tag the day *le jour* 77
Tagfalter the butterfly *le papillon* 26
Taktstock the baton *la baguette* 39
Tamburin the tambourine *le tambourin* 38
Tankwagen the tanker *le camion-citerne* 64
Tannenzweig the fir branch *la branche de sapin* 51
Tante the aunt *la tante* 4
Taschentuch the handkerchief *le mouchoir* 15
Tasse the cup *la tasse* 17
Tastatur the keyboard *le clavier* 31
Tastentelefon the push-button telephone *le téléphone à touches* 30
Tatze the paw *la patte* 53
Taube the pigeon *le pigeon* 58
Tauchen diving *la plongée* 71
Taucher the diver *le plongeur* 60
Taucherbrille the diving mask *les lunettes de plongée* 60
Taucherflossen the flippers *les palmes* 71
Tauchermaske the diving mask *le masque de plongée* 71
Taxi the taxi *le taxi* 28
Teddybär the teddy bear *l'ours en peluche* 9
Tee the tea *le thé* 19
Teekanne the teapot *la théière* 17
Teelöffel *de* the teaspoon *la petite cuillère* 16
Teich the pond *l'étang* 54
Teigwaren the pasta *les pâtes* 24
Telefon the phone *le téléphone* 7
Telefonzelle the payphone *la cabine téléphonique* 29
Teller the plate *l'assiette* 18
Tennis tennis *le tennis* 69
Tennisball the tennis ball *la balle de tennis* 69
Tennisschläger the tennis racket *la raquette* 9
Teppich the carpet *le tapis* 6
Tierfutter *at* the pet food *les aliments pour animaux domestiques* 24
Tierlexikon the animal encyclopedia *l'encyclopédie des animaux* 36
Tiernahrung *de* the pet food *les aliments pour animaux domestiques* 24
Tiger the tiger *le tigre* 55, 74
Tisch the table *la table* 46
Tischdecke the tablecloth *la nappe* 18
Tischtennis table tennis *le tennis de table* 69
Tochter the daugther *la fille* 4
Toilette *de* the toilet *les toilettes* 11
Toiletten the toilets *les toilettes* 30
Toilettenpapier *de* the toilet paper *le papier hygiénique* 11
Tomate *de* the tomato *la tomate* 21
Tomatenstaude *de* the tomato plant *le pied de tomate* 43
Topfdeckel *de* the pan lid *le couvercle* 17
Topfen *at* the cream cheese *le fromage blanc* 17
Topfpflanze the potted plant *la plante en pot* 6
Torte the cake *le gâteau* 25
Tortenstück the piece of cake *le morceau de gâteau* 19
Touristen the tourists *les touristes* 59
Traktor *at* the tractor *le tracteur* 41, 59
Traktorfahrer the tractor driver *le conducteur de tracteur* 46
Träne the tear *la larme* 13
Traurigkeit the sadness *la tristesse* 13
Trekker *de* the tractor *le tracteur* 41, 59
Treppe *de* the staircase *l'escalier* 7

Tretroller *at* the scooter *la trottinette* 61
Triangel the triangle *le triangle* 38
Trinkbrunnen the fountain *la fontaine* 23
Trinkhalm *de* the straw *la paille* 78
Trittleiter *de* the stepladder *l'escabeau* 47
trocken dry *sec* 72
Trockenfrüchte the dried fruit *les fruits secs* 20
Trompete the trumpet *la trompette* 38
Tropfstein the dripstone *la concrétisation* 63
Truthahn the turkey *le dindon* 44
T-Shirt the T-Shirt *le tee-shirt* 15
Tuba the tuba *le tuba* 39
Tukan the toucan *le toucan* 54
Tulpe the tulip *la tulipe* 56
Tunnel the tunnel *le tunnel* 63
Türkentaube the pigeon *le pigeon* 29
Türklinke *de* the door handle/the doorknob *la poignée* 8
Turmuhr the clock *l'horloge* 28
Türschnalle *at* the door handle/the doorknob *la poignée* 8
Türvorleger the doormat *le paillasson* 6

U

U-Bahn the underground/the subway *le métro* 64
Übersetzerin the translator *la traductrice* 96
Uhr the clock *l'horloge* 33
Uhr the watch *la montre* 74
Uhu the eagle owl *le grand duc* 53
unangenehmer Geruch bad smell *la mauraise odeur* 72
Unterhemd *de* the vest/the undershirt *le maillot de corps* 14
Unterhose the underpants *le slip* 14
Unterleiberl *at* the vest/the undershirt *le maillot de corps* 14

V

Vase the vase *le vase* 32
Vater the father *le père* 4
Verbandschere *de* the bandage scissors *les ciseaux pour bandages* 31
Verbandsschere *at* the bandage scissors *les ciseaux pour bandages* 31
Vergissmeinnicht the forget-me-not *le myosotis* 56
Verkäufer the shop assistant *le vendeur* 24
Verkäuferin the shop assistant *la vendeuse* 37
Verkehrsampel the traffic light *le feu de signalisation* 29
Verkehrsmaschine the plane *l'avion commercial* 65
Verkehrszeichen the road signs *les panneaux de signalisation* 29
Verliererin the loser *la perdante* 73
verschieden different *différent* 72
Vetter *de* cousin *cousin* 4
Videokamera the video camera *le caméscope* 79
Viehfutter the cattle feed *les aliments pour bétail* 43
vier four *quatre* 76
vierzehn fourteen *quatorze* 76
violett violet *violet* 80
Violine the violin *le violon* 39
Violoncello the cello *le violoncelle* 39
Vogel the bird *l'oiseau* 47
Vogelhäuschen the birdhouse *le nichoir l'ouverture* 66
Vogelnest the bird´s nest *le nid d'oiseau* 46

Vogelscheuche the scarecrow *l'épouvantail* 41
voll full *plein* 72
Volleyball volleyball *le volley-ball* 70
Vorhang the curtain *le rideau* 7
Vorleserin *de* the storyteller *la conteuse* 35
Vorzimmer *at* the corridor *le couloir* 7
Vulkan the volcano *le volcan* 74

W

Waage the scale *la balance* 23
Wachsmalkreiden *de* the wax crayons *les craies grasses* 32
Wagerl *at* the cart *la charette* 46
Waggon the wagon *le wagon* 65
Wald the forest *la forêt 50, 63*
Waldameise the wood ant *la fourmi des bois* 52
Wäldchen the grove *le bosquet* 41
Walderdbeere the wild strawberry *la fraise sauvage 41, 51*
Waldhimbeere the wild raspberry *la framboise sauvage* 51
Waldtiere forest animals *les animaux de la forêt* 52
Walnuss the walnut *la noix* 20
Wanderrucksack the rucksack/the backpack *le sac à dos 29, 51*
Wandlampe *at* the wall lamp *l'applique* 10
Wandleuchte *de* the wall lamp *l'applique* 10
Wanduhr the clock *l'horloge 6, 30*
Wange the cheek *la joue* 13
Wartezimmer the waiting room *la salle d'attente* 30
Waschbecken the sink/the washbasin *le lavabo 10, 33*
Wäschekorb the laundry basket *le panier à linge* 11
Wäschetrockner the tumble dryer *le sèche-linge* 11
Waschmaschine the washing machine *la machine à laver* 11
Waschpulver the washing powder *la lessive 11, 25*
Wasser the water *l'eau* 18
Wasserball the beachball *le ballon de plage* 37
Wassereimer *de* the water bucket *le seau* 42
Wasserfall the waterfall *la cascade* 62
Wasserfarben the water colours/the water colors
les peintures à l'eau 9, 74
Wasserglas the water glass *le verre à eau* 17
Wasserhahn the tap/the faucet *le robinet* 17
Wasserkessel *at* the kettle *la bouilloire* 17
Wasserkübel *at* the water bucket *le seau* 42
Wassermelone the water-melon *la pastèque* 20
WC *at* the toilet *les toilettes* 11
WC Papier *at* the toilet paper *le papier hygiénique* 11
Wecker the alarm clock *le réveil* 8
Weg the path *le chemin* 26
Wegschnecke *de* the slug *la limace* 45
weich soft *mou* 72
Weichspüler the fabric softener *l'assouplissant* 11
Weide the pasture *le pâturage* 40
Weidezaun the fence *la clôture* 43
Weihnachten Christmas *Noël* 79
Weihnachtsbaum *de* the Christmas tree *l'arbre de Noël* 79
Weihnachtsbeleuchtung the Christmas lights *les guirlandes de Noël* 79
Weihnachtsdekoration the Christmas decorations
les décorations de Noël 79
Weihnachtskuchen the Christmas cake *la bûche de Noël* 79
Weihnachtsmann Santa Claus *le père Noël* 79

X

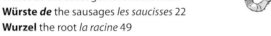

Y

Z

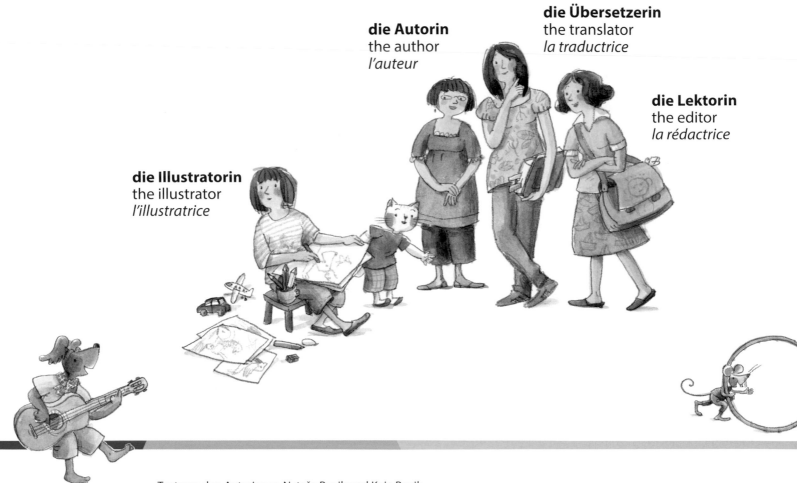

die Illustratorin
the illustrator
l'illustratrice

die Autorin
the author
l'auteur

die Übersetzerin
the translator
la traductrice

die Lektorin
the editor
la rédactrice

Text von den Autorinnen Nataša Bucik and Kaja Bucik
Illustrationen und Design von Ana Zavadlav

Das Wörterbuch, das Frau Mag. Nataša Bucik, Entwicklungspsychologin und Expertin im Bereich Alphabetisierung, vorbereitet hat, ermöglicht den Kindern ihren Wortschatz auf eine spielerische und gleichzeitig lehrhafte Weise zu erweitern. Bei der Betrachtung und Beschreibung von attraktiven Illustrationen können die neuen Wörter viel schneller erlernt werden.

Das vorliegende dreisprachige Wimmelwörterbuch stammt aus der Sachbuchwerkstatt der Breitschopf Medien Verlag GmbH & Co. KG, wurde auch für Österreich adaptiert und nach den Regeln der Neuen Rechtschreibung gesetzt.

Wir danken Herrn Prof. Dr. Rudolf Muhr von der Forschungsstelle Österreichisches Deutsch an der Universität Graz für seine tatkräftige Unterstützung.

Lektorat: Mag. Rebekka Sobottka, Christian Haberl
Fremdsprachen – Übersetzung und Lektorat:
Englisch: David Bancroft
Französisch: Michèle Rössner-Pastre

Koordination: Prof. Helene Breitschopf und Bianca Schwarz

Wir dürfen natürlich auch nicht das Breitschopf Team vergessen, das mit Begeisterung an der Verwirklichung dieses Buches mitgewirkt hat.

Dieses Buch enthält eine von den Autoren und den Lizenzgebern genehmigte MP3-CD „Aussprache-Training in 3 Sprachen".
Die CD-Hülle ist mit einem wiederverschließbaren Siegel versehen.
Die MP3 CD kann auf allen MP3-fähigen Medien abgespielt werden, z. B. Computer, Mobiltelefon, DVD-Player, Blu-ray-player und Spielekonsolen.
Diese MP3 CD ist nur gemeinsam mit dem Band „Das große Wimmelwörterbuch – Spaß mit 1450 Wörtern" erhältlich, dem diese CD beiliegt.

Titel der Originalausgabe:
KUKUJEV SLIKOVNI SLOVAR
Text by Nataša Bucik and Kaja Bucik
Illustrations and Design by Ana Zavadlav
Copyright © Mladinska knjiga Založba, d.d., Ljubljana 2008

ISBN: siehe Seite 2 (Vorwort) und Buchrückseite

MIX
Papier aus verantwortungsvollen Quellen
FSC® C014138